見方、示し方が
つかめる

公益法人
会計の基本

新日本有限責任監査法人 編

清文社

出版にあたって

　本書は、平成29年2月に、弊法人から出版した『公益法人・一般法人の会計・税務』の、いわばコンパクト版として作成したものです。先に出版いたしました書籍は、公益法人会計に関する様々な公表物、例えば、公益法人会計基準、公益法人会計基準の運用指針、公益法人会計基準に関する実務指針、公益法人の会計に関する諸課題の検討結果など、すべてを網羅したものです。そのため、項目の中には、あまり頻繁には発生しない内容も含まれております。

　本書は、この点を考慮し、利用者の皆様がより使いやすく、手元に置きやすいと書籍となるよう、要点をまとめ、より基本的かつ頻出事項にしぼった解説とさせていただきました。

　どの項目が必要であるのか、どの項目がよく利用されているのかは、利用者の皆様の置かれている環境で異なると思います。共通して考えられることは、公益法人は、中小規模の法人が多数を占めておりますので、規模を一つの基準に考えました。また、会計処理の内容項目も、例えば、継続事業の前提の注記、減損会計、リース会計は恒常的には発生しないものと考えて、のぞいております。

　このように、コンパクト版には、記載していない項目については、先に出版いたしました『平成29年2月改訂　公益法人・一般法人の会計・税務』の記載箇所を本文中にご案内しておりますので、必要に応じて、ご参照していただければと思います。

　また、『平成29年2月改訂　公益法人・一般法人の会計・税務』の出版後に、新たに公表されました公表物「公益法人の会計に関する諸課題

の検討の整理について」も本書にて、簡単に触れておりますので、ぜひ、ご参考にしていただきたいと思います。

※本書の執筆にあたっては、以下に記載の公表物に対応させていただいております。

・「公益法人の会計に関する諸課題の検討状況について」（内閣府公益認定等委員会「公益法人の会計に関する研究会」平成27年3月）
・「公益法人の会計に関する諸課題の検討結果について」（内閣府公益認定等委員会「公益法人の会計に関する研究会」平成28年3月）
・「正味財産増減計算書内訳表等に関する研究報告」（日本公認会計士協会非営利法人委員会研究報告第29号平成28年3月）
・「公益法人会計基準に関する実務指針」（日本公認会計士協会非営利法人委員会実務指針第38号平成28年3月）
・「公益法人の会計に関する諸課題の検討の整理について」（内閣府公益認定等委員会「公益法人の会計に関する研究会」平成29年6月）

　最後に、本書の出版に当たって株式会社清文社の方々、特に折原容子氏には、先の出版に引き続き、多大なご尽力を賜りましたことに謝意を表します。

新日本有限責任監査法人　パブリックセクター
シニアパートナー　公認会計士　長　光雄（編集代表）

CONTENTS

第1章 公益法人制度と公益法人会計基準の動向

1 公益法人制度改革の概要 ── 2
1 公益法人制度改革の概要 ── 2
2 一般社団法人及び一般財団法人 ── 2
3 公益社団法人及び公益財団法人 ── 4

2 公益法人会計基準 ── 4
1 会計基準に関する規定 ── 4
2 作成しなければならない計算書類等 ── 5
3 公益法人会計基準 ── 6
4 企業会計の基準との比較 ── 9
5 適用時期・要否 ── 9

第2章 財務諸表の体系

1 財務諸表の体系 ── 12
1 公益法人会計基準 ── 12
2 企業会計の基準 ── 12

2 貸借対照表 ── 13
1 正味財産の部 ── 14
2 固定資産の部 ── 14
3 正味財産の区分と資産の対応関係 ── 14

3 正味財産増減計算書 ── 15

1 一般正味財産増減の部の区分 —— 16
  2 一般正味財産増減の部と指定正味財産増減の部について —— 16

4 キャッシュ・フロー計算書 —— 17

第3章 貸借対照表

1 貸借対照表の表示方法 —— 20
  1 貸借対照表の内容 —— 20
  2 貸借対照表の区分 —— 20
  3 正味財産の区分と資産の対応 —— 21
  4 正味財産区分の振替えがあった場合の資産の対応 —— 24
  5 基金を設定した場合 —— 26
  6 貸借対照表の様式 —— 26

2 資産の評価 —— 28
  1 資産の定義及び区分 —— 28
  2 取得原価主義 —— 29
  3 外貨建資産及び負債の評価 —— 30
  4 資産の時価の下落 —— 32

3 リース取引 —— 36

第4章 流動資産

1 流動資産の範囲 —— 38

2 現金預金 —— 38
  1 現金の種類 —— 38
  2 先日付小切手 —— 38
  3 小口現金 —— 39

          4　預金の種類————39

3　受取手形————39

4　未収会費、未収金————41
          1　未収会費————41
          2　未収金————42

5　前払金————43

6　棚卸資産————44
          1　意義————44
          2　評価————44
          3　貯蔵品の取扱い————46

7　貸倒引当金————48
          1　公益法人会計基準での取扱い————48
          2　一般債権の貸倒引当金の算定方法について————50

第5章　固定資産

1　固定資産の範囲————56
          1　固定資産の分類————56
          2　固定資産の計上基準————58

2　固定資産の評価と減価償却————59
          1　固定資産の評価方法————59
          2　減価償却と費用配分の原則————62

3　基本財産————64
          1　基本財産とは————64
          2　基本財産の評価額が減少した場合の処理————65

4　特定資産————69
          1　特定資産とは————69

2 遊休財産に対する特定資産の影響―――― 70

5 その他固定資産――72
1 建物――72
2 車両運搬具――73
3 什器備品――75
4 土地――76
5 建設仮勘定――77
6 借地権――79
7 電話加入権――80
8 ソフトウェア――81
9 敷金・保証金――83
コラム　無形資産――80

第6章　有価証券

1 有価証券の分類――86
1 保有目的による分類と表示――86
2 満期保有目的の債券の意義――86
3 保有目的区分の変更――87

2 有価証券の評価――88
1 満期保有目的の債券――89
2 売買目的有価証券、その他有価証券――92
3 子会社株式及び関連会社株式――94

3 正味財産の区分に応じた有価証券の評価差額の取扱い――94
1 指定正味財産に区分される寄付によって受け入れた基本財産としての満期保有目的の債券について償却原価法を適用する場合（実務指針Q35）――95
2 一般正味財産から充当された基本財産としての満期保有目的の債券について償却原価法を適用する場合――97

4 外貨建有価証券の処理――99

第7章 負債

1 流動負債の範囲 —— 102

2 流動負債の個別内容 —— 102
 1 支払手形 —— 102
 2 未払金 —— 103
 3 未払費用 —— 104
 4 前受金 —— 105
 5 預り金 —— 105
 6 短期借入金 —— 106
 7 賞与引当金 —— 107
 8 その他の引当金 —— 108

3 固定負債の範囲 —— 109

4 固定負債の個別内容 —— 109
 1 長期借入金 —— 109
 2 受入保証金 —— 110
 3 退職給付引当金 —— 111
 4 役員退職慰労引当金 —— 118
 5 資産除去債務 —— 119

第8章 正味財産

1 正味財産の概念 —— 130

2 指定正味財産と一般正味財産の区分 —— 130
 1 受託責任の明確化 —— 130
 2 一般正味財産と指定正味財産の区分の意義 —— 130

3 指定正味財産 ———— 131
1 指定正味財産の内容 ———— 131
2 指定正味財産の範囲 ———— 131

4 指定正味財産から一般正味財産への振替え ———— 132
1 使途を指定された補助金や寄付金について、
その指定が解除された場合 ———— 133
2 指定正味財産を充当して取得した資産が
減価償却や災害等により消滅した場合 ———— 133
3 指定正味財産を充当して取得した資産の時価が著しく下落した場合
（回復の見込みがあると認められる場合を除く） ———— 133
コラム　別表 H　公益目的取得財産残額について ———— 136

第9章　正味財産増減計算書

1 正味財産増減計算書の表示方法 ———— 138
1 正味財産増減計算書の区分 ———— 138
2 正味財産増減計算書の構成 ———— 140
3 会計区分について ———— 144
4 収益事業等会計から公益目的事業会計への利益の繰入額
（非営利法人委員会研究資料第4号） ———— 150

2 正味財産増減計算書の会計処理方法 ———— 155
1 補助金等及び寄付金の会計処理 ———— 155
2 使途を指定された寄付金等により取得した有価証券等に評価損が発生した場合
における指定正味財産から一般正味財産への振替えの会計処理 ———— 163

第10章　収益及び費用

1 発生主義の原則 ———— 168
1 発生主義とは ———— 168

- 2 発生主義による会計処理 ──── 168
- 3 前払費用の会計処理 ──── 169
- 4 前受収益の会計処理 ──── 170
- 5 未払費用の会計処理 ──── 171
- 6 未収収益の会計処理 ──── 172
- 7 特殊な認識基準 ──── 173

2 勘定科目 ──── 173

- 1 基本財産運用益 ──── 174
- 2 特定資産運用益 ──── 174
- 3 受取会費 ──── 174
- 4 事業収益 ──── 175
- 5 受取負担金 ──── 176
- 6 雑収益 ──── 176
- 7 事業費 ──── 177
- 8 管理費 ──── 177
- 9 基本財産評価損益等・特定資産評価損益等・投資有価証券評価損益等 ──── 177
- 10 固定資産売却損益・固定資産受贈益 ──── 178

3 共通収益・共通費用の取扱い ──── 178

4 共通費用の配賦基準について ──── 182

コラム 別表B 公益目的事業比率について ──── 183

第11章 注記、附属明細書及び財産目録

1 注記 ──── 186

- 1 注記の内容 ──── 186
- 2 財務諸表に対する注記 ──── 187

2 附属明細書 ──── 205

3 財産目録 ──── 205

- 1 財産目録の内容 ──── 205
- 2 財産目録の作成のポイント ──── 205

第12章 公益法人の会計に関する諸課題の検討

1 公益法人会計基準における実務上の検討課題 ──208
- 1 寄付者等の意思 ──208
- 2 税効果会計への対応 ──208
- 3 会計監査への対応 ──209

2 公益法人制度への対応 ──210

3 定期提出書類への対応 ──216
- 1 公益社団・財団法人の定期提出書類 ──216
- 2 移行法人の定期提出書類 ──217

4 内訳表の活用について ──218
- 1 内訳表とは ──218
- 2 共通収益・共通費用について ──224
- 3 共用資産・共用負債について ──227
- 4 事業費・管理費について ──236
- 5 「他会計振替額」について ──239

5 公益法人の会計に関する研究会 ──245
- 1 平成26年度報告 ──245
- 2 平成27年度報告 ──246
- 3 平成28年度基準 ──247

第13章 公益法人の税制

1 公益法人を取り巻く税制の概要 ──250

2 公益法人制度について ──250

資料 —— 259

1. 公益法人会計基準の運用指針（様式1-1）～（様式1-4） —— 260
2. 内閣府「平成28年度公益法人の会計に関する諸課題の検討の整理について」別添3 公益法人会計基準、公益法人会計基準注解及び公益法人会計基準の運用指針 —— 264
3. 内閣府「平成28年度公益法人の会計に関する諸課題の検討の整理について」別添4 FAQ早見表（Ⅴ・Ⅵ） —— 284

用語集 —— 311

■凡例

【基準・指針等の略記】

公益法人会計基準……公益法人会計基準について
　　　　　　　　　　（平成20年4月11日　平成21年10月16日改正　内閣府公益認定等委員会）

公益法人会計基準の運用指針……「公益法人会計基準」の運用について
　　　　　　　　　　（平成20年4月11日　平成21年10月16日改正　内閣府公益認定等委員会）

平成16年改正基準……公益法人会計基準の改正等について
　　　　　　　　　　（平成16年10月14日　公益法人等の指導監督等に関する関係省庁連絡会議申合せ）

平成16年改正基準の運用指針……公益法人会計基準の運用指針について
　　　　　　　　　　（平成17年3月23日　公益法人等の指導監督等に関する関係省庁連絡会議幹事会申合せ）

昭和60年改正基準……公益法人会計基準について
　　　　　　　　　　（昭和60年9月17日　公益法人指導監督連絡会議決定）

内部管理事項……公益法人会計における内部管理事項について
　　　　　　　　　　（平成17年3月23日　公益法人等の指導監督等に関する関係閣僚会議幹事会申合せ）

指導監督基準……公益法人の設立許可及び指導監督基準
　　　　　　　　　　（平成8年9月20日　平成18年8月15日一部改正　閣議決定）

指導監督基準運用指針……「公益法人の設立許可及び指導監督基準の運用指針」について
　　　　　　　　　　（平成8年12月19日　平成18年8月15日一部改正　公益法人等の指導監督等に関する関係省庁連絡会議幹事会申合せ）

公益認定等ガイドライン……公益認定等に関する運用について（公益認定等ガイドライン）
　　　　　　　　　　（平成20年4月　平成20年10月改訂　内閣府公益認定等委員会）

ＦＡＱ……新たな公益法人制度への移行等によくある質問（FAQ）
　　　　　　　　　　（平成24年8月版　内閣府）

26年度報告……公益法人の会計に関する諸課題の検討状況について
　　　　　　　　　　（平成27年3月26日　公益認定等委員会公益法人の会計に関する研究会）

27年度報告……平成27年度　公益法人の会計に関する諸課題の検討結果について
　　　　　　　　　　（平成28年3月23日　公益認定等委員会公益法人の会計に関する研究会）

実務指針……公益法人会計基準に関する実務指針
　　　　　　　　　　（平成28年3月22日　平成28年12月22日改正　日本公認会計士協会）

収支の取扱いに関する研究報告……新公益法人会計基準適用に伴う収支予算書及び収支計算書の取扱いについて
　　　　　　　　　　（平成17年11月9日　日本公認会計士協会）

継続事業に関する研究報告……公益法人の継続事業の前提について
　　　　　　　　　　（平成22年3月30日　日本公認会計士協会）

研究資料……貸借対照表内訳表及び正味財産増減計算書内訳表の作成と会計処理について
　　　　　　　　　　（平成23年5月13日　日本公認会計士協会）

支部会計に関する研究報告……公益法人における支部会計の取扱いについて
　　　　　　　　　　（平成16年2月16日　日本公認会計士協会）

リース会計基準……リース取引に関する会計基準
　　　　　　　　　　（平成5年6月17日　企業会計審議会第一部会　平成19年3月30日改正　企業会計基準委員会）

リース適用指針……リース取引に関する会計基準の適用指針
　　　　　　　　　　（平成6年1月18日　日本公認会計士協会　平成23年3月25日最終改正　企業会計基準委員会）

金融商品会計基準……金融商品に関する会計基準
　　　　　　　　　　（平成11年1月22日　企業会計審議会　平成20年3月10日最終改正　企業会計基準委員会）

金融商品会計実務指針……金融商品に関する実務指針
　　　　　　　　　　（平成12年1月31日　平成23年3月29日最終改正　日本公認会計士協会）

退職給付会計基準……退職給付に係る会計基準
　　　　　　　　　　（平成10年6月16日　平成20年7月31日　企業会計基準委員会）
税効果会計基準……税効果会計に係る会計基準
　　　　　　　　　（平成10年10月30日　企業会計審議会）
税効果会計実務指針……個別財務諸表における税効果会計に関する実務指針
　　　　　　　　　　　（平成10年12月22日　平成28年3月25日最終改正　日本公認会計士協会）
工事契約会計基準……工事契約に関する会計基準
　　　　　　　　　　（平成19年12月27日　企業会計基準委員会）
棚卸資産会計基準……棚卸資産の評価に関する会計基準
　　　　　　　　　　（平成18年7月5日　平成20年9月26日改正　企業会計基準委員会）
資産除去債務会計基準……資産除去債務に関する会計基準
　　　　　　　　　　　　（平成20年3月31日　企業会計基準委員会）
資産除去債務適用指針……資産除去債務に関する会計基準の適用指針
　　　　　　　　　　　　（平成20年3月31日　企業会計基準委員会）
賃貸等不動産会計基準……賃貸等不動産の時価等の開示に関する会計基準
　　　　　　　　　　　　（平成20年11月28日　企業会計基準委員会）
賃貸等不動産会計基準適用指針……賃貸等不動産の時価等の開示に関する会計基準の適用指針
　　　　　　　　　　　　　　　　（平成20年11月28日　企業会計基準委員会）
過年度遡及会計基準……会計上の変更及び誤謬の訂正に関する会計基準
　　　　　　　　　　　（平成21年12月4日　企業会計基準委員会）

【法令の略記】
法人法……一般社団法人及び一般財団法人に関する法律
認定法……公益社団法人及び公益財団法人の認定等に関する法律
整備法……一般社団法人及び一般財団法人に関する法律及び公益社団法人及び公益財団法人の認定等に
　　　　　関する法律の施行に伴う関係法律の整備等に関する法律
認定令……公益社団法人及び公益財団法人の認定等に関する法律施行令
法人規則……一般社団法人及び一般財団法人に関する法律施行規則
認定規則……公益社団法人及び公益財団法人の認定等に関する法律施行規則
整備規則……一般社団法人及び一般財団法人に関する法律及び公益社団法人及び公益財団法人の認定等
　　　　　　に関する法律の施行に伴う関係法律の整備等に関する法律施行規則
法　　法……法人税法
所　　法……所得税法
消　　法……消費税法
地　　法……地方税法
措　　法……租税特別措置法
法　　令……法人税法施行令
所　　令……所得税法施行令
消　　令……消費税法施行令
地　　令……地方税法施行令
措　　令……租税特別措置法施行令
法　　規……法人税法施行規則
所　　規……所得税法施行規則
措　　規……租税特別措置法施行規則
法基通……法人税法基本通達
所基通……所得税法基本通達
消基通……消費税法基本通達

第1章 公益法人制度と公益法人会計基準の動向

1 公益法人制度改革の概要

1 公益法人制度改革の概要

平成 20 年 12 月 1 日より現在の仕組みが運用開始となり公益法人制度改革により創設された制度の基本的仕組みとしては、次の 2 点が挙げられます。

1．準則主義による法人の設立の仕組みの創設

1 点目は、公益性の有無にかかわらず、準則主義（登記）により簡便に設立できる一般社団法人及び一般財団法人（以下、「一般社団・財団法人」）の制度が創設されました。

2．公益性判断の仕組みの創設

2 点目は、有識者からなる委員会（国の場合には公益認定等委員会、各都道府県の場合には各都道府県に置かれた合議制の機関）の意見に基づき、公益認定の申請のあった一般社団・財団法人について、その目的、事業等の公益性を判断する仕組みが創設されました。公益性判断の結果、公益認定されると、公益社団法人または公益財団法人（以下、「公益社団・財団法人」）となります。

2 一般社団法人及び一般財団法人

法人類型は、法人格を構成員に付与するか財産に付与するかにより、社団形態と財団形態とに区分されます。

1．一般社団法人

社員になろうとする者が 2 名以上集えば、一定額以上の財産的基礎を有しなくとも、法人の設立を可能とするものです。その事業には、格別の制限を行わず、公益活動を含む幅広い活動ができるようになりました。

また、法人の自立的な運営を確保するために、社員総会及び理事を必

置の機関としたほか、定款の定めにより、理事会や監事、会計監査人の設置を可能としています。一方、法人運営の適正化を図るために、理事の法人または第三者に対する責任規定及び社員による代表訴訟制度が設けられました。これにより、株式会社と同等の自立的なガバナンスが期待されます。

そのほかに、法人の非営利性を維持しつつ、資金調達手段や財産的基盤を確保するために、基金制度を採用することも可能とされています。

2．一般財団法人

設立者の創意に基づく財産の社会的活用を促進するために、必要最小限の資産（300万円以上）で法人の設立を可能とするものです。設立者の意思を尊重しつつ、法人の自立的運営を可能とするために、理事の業務執行を牽制、監督し、かつ法人の重要な意見決定に関与する機関として、評議員及び評議員会のほか、理事会と監事は必置の機関とされ、会計監査人の設置も可能とされています。

また、社団形態の法人と同様に、法人運営の適正化を図るために、理事の法人または第三者に対する責任規定が設けられています。

3．その他

準則主義に伴う法人制度の濫用を防止するために、株式会社と同様に裁判所による解散命令制度、休眠法人整理の制度が設けられています。また、一般社団法人及び一般財団法人相互のほか、一般社団法人と一般財団法人との間での合併が可能とされました。さらに、計算、定款の変更、清算等に関する所要の規定が設けられています。

さらに、一定規模以上の大規模な法人に対しては、外部報告の適正性を確保するために、会計監査人による監査を義務づけることとされています。

3 公益社団法人及び公益財団法人

　公益社団・財団法人は、一般社団・財団法人のうち、認定法第5条（12章参照）の各号の公益認定基準を満たし、行政庁から認定された法人です。

　ただし、公益認定基準のすべてを満たす場合であっても、欠格事由のいずれかに該当する場合には、公益認定を受けることはできないこととされ（認定法第6条）、また、認定された後に欠格事由に該当することとなった場合には、行政庁は、公益認定を取り消さなければならないこととされているため（同法第29条第1項）、留意が必要です。

2 公益法人会計基準

1 会計基準に関する規定

1．26年度報告の考え方

　26年度報告は、公益法人をはじめ一般法人の特徴から基本的な考え方を明記しています。「一般法人は、利潤の獲得と分配を目的とする法人ではないことを踏まえ、通常は、公益法人会計基準を企業会計基準より優先して適用することになる」という考え方です。内閣府より公表されているＦＡＱ（Ⅵ－4－①）においては、公益法人、移行法人、公益目的支出計画を完了した一般法人、公益認定申請を予定している一般法人、公益認定申請を予定していない一般法人といくつも法人形態が考えられますが、いずれも同じ考え方に従うものと考えています。

2．法律における規定

　一般社団・財団法人については、法律上は、その行う事業に対して、一般に公正妥当と認められる会計の慣行に従うものとする旨規定されています。

また、公益社団・財団法人は、制度においては、一般社団・財団法人のうち公益認定が受けられた法人であることから、一般社団・財団法人に関する基準を満たした上で収益事業等に関する会計は、公益目的事業に関する会計から区分し、各収益事業等ごとに特別の会計として経理しなければならないと認定法に規定されました。どちらも法律上、公益法人会計基準によらなければならないことの旨は、明確には規定されていません。

2 作成しなければならない計算書類等

　一般社団・財団法人においては、法人法第123条に基づき、計算書類（貸借対照表及び損益計算書）及び事業報告並びに附属明細書を作成します。また、正味財産増減計算書は損益計算書とみなされます。なお、予算については、法律上作成は求められていません。

　これに対して、公益社団・財団法人においては、一般社団・財団法人において必要とされる書類に加えて、財産目録の作成が求められるほか、会計監査人を法定される法人の場合にはキャッシュ・フロー計算書も作成します。なお、公益社団・財団法人においては、収支予算書の作成が求められ、正味財産増減計算書（損益計算ベース）に対応するものとなります。収支予算書の具体的な区分は、以下のとおりです。

　なお、26年度報告では、資金収支ベースの収支予算書（従来の形式のもの）についての取扱いを明らかにしています。当該情報については、法律で定められている損益計算ベースの収支予算書とは異なるものですが、財務諸表等と区分して適当な場所に任意に記載することや、法人の内部管理資料として作成することは問題ないという結論です。

【収支予算書の区分】

資金収支ベースの収支予算書	Ⅰ　事業活動収支の部 　　1.　事業活動収入 　　2.　事業活動支出 Ⅱ　投資活動収支の部 　　1.　投資活動収入 　　2.　投資活動支出 Ⅲ　財務活動収支の部 　　1.　財務活動収入 　　2.　財務活動支出 Ⅳ　予備費支出
損益計算ベースの収支予算書	1　経常収益 2　事業費 　　　公益目的事業に係る事業費 　　　収益事業等に係る事業費 3　管理費 4　経常外収益 5　経常外費用

3 公益法人会計基準

　公益法人会計基準は、昭和60年に公益法人指導監督連絡会議決定により策定されたことから始まっています。その後、昭和62年に一部改正され、平成16年には、収支計算をベースとした会計基準から損益計算をベースとした現行会計基準の基礎となる会計基準に大改正が行われました。この間、会計基準の設定主体は、関係各省庁連絡会議という会議体であり、特定の組織においての設定は行われていませんでした。

　現行の公益法人会計基準は、平成16年の会計基準をもとに、公益法人制度関連三法を取り入れ、平成20年に制度に合わせて改正されたものであり、設定主体も制度官庁である内閣府の公益認定等委員会となりました。

　その後、公益法人会計基準は、平成21年に一般法人法の改正に伴い、一部改正がなされ、現在に至っています。

内閣府では、会計基準に記載のないところや、運用上必要なことは、内閣府公益認定等委員会のもとに公益法人の会計に関する研究会を設置して、課題を検討してきています。検討結果については、「26年度報告」、「27年度報告」として公表されており、会計基準を補完するものとして、従うべきものという位置づけを「27年度報告」の前文において明らかにしています。なお、「28年度報告」も公表されていますが、会計基準を補完するものとしての位置づけには含まない性質のものとなっています。

1．財務諸表の定義

　公益法人制度改革関連三法においては、計算書類（貸借対照表及び損益計算書）としていますが、公益法人会計基準では、計算書類という用語は用いず財務諸表としています。財務諸表の中身は、以下のようになっており、財産目録は財務諸表の範囲から外れています。

【財務諸表の体系】

公益法人会計基準	貸借対照表 正味財産増減計算書 キャッシュ・フロー計算書

　なお、法人法上、損益計算書となっていますが、正味財産増減計算書（一般正味財産増減の部）は損益計算書とみなされることとされています。

2．附属明細書

　一般社団法人及び一般財団法人（公益社団・財団法人含む）においては、附属明細書を作成しなければならないことから、公益法人会計基準においては、附属明細書の様式等についても定めています。公益社団・財団法人は、加えて財産目録を作成する必要があります。

3．基金

　公益法人制度では、劣後負債として一般社団法人に基金の制度が導入

されたことから、基金を設けた場合について定められています。

4．会計区分

法人全体の財務諸表及び附属明細書並びに財産目録を基本とし、会計区分ごとの情報は、貸借対照表及び正味財産増減計算書の内訳表として、それぞれに準じた様式で表示することとされています。また、この内訳表においては、法人運営の管理費は法人会計として記載することとなりました。

5．事業費と管理費の区分

事業費と管理費の区分は、以下のようになっています。

【事業費と管理費の内容】

公益法人会計基準	事業費	事業の目的のために要する費用
	管理費	各種の事業を管理するため、毎年度経常的に要する費用

6．有価証券の評価

有価証券の時価評価において、評価損益の計上区分は、以下のようにされています。財団法人においては有価証券の運用が行われますが、外的要因による評価損益が事業活動を測る指標（例えば公益目的事業比率）に与える影響を排除することを考慮したものです。

【有価証券評価損及び売却損の正味財産増減計算書における取扱い】

公益法人会計基準	経常増減の部には計上するものの、経常費用ではなく、評価損益等調整前当期経常増減額の下に基本財産評価損益等、特定資産評価損益等、投資有価証券評価損益等に区分して計上する

📖 継続事業の注記、棚卸資産の評価については新日本有限責任監査法人『平成29年2月改訂 公益法人・一般法人の会計・税務』（清文社、2017年）8頁をご参照ください。

4 企業会計の基準との比較

　財務諸表の体系及び必要となる簿記知識を公益法人会計基準を企業会計の基準と比較すると以下のようになります。

	公益法人会計基準	企業会計基準
財務諸表	財務諸表は下記の3つ ・貸借対照表 ・正味財産増減計算書 ・キャッシュ・フロー計算書 　（直接法または間接法）(注1)	財務諸表は下記の4つ ・貸借対照表 ・損益計算書 ・株主資本等変動計算書 ・キャッシュ・フロー計算書 　（間接法採用が多い）
その他の作成すべき書類等	・附属明細書 ・財産目録(注1)	・附属明細書

	公益法人会計	企業会計
内部管理書類	・会計帳簿 ・収支予算書 ・収支計算書	―
簿記知識 （仕訳技術）	・一取引一仕訳 ・通常の簿記知識で対応可能 　（注2)	・一取引一仕訳 ・通常の簿記知識

(注1) キャッシュ・フロー計算書については、収益の額、費用の額及び損失の額が1,000億円以上または負債の額が50億円以上で会計監査人の設置が義務づけられている公益社団・財団法人に作成義務があり、それ以外の公益法人は作成しないことができます。また、財産目録は、移行法人及び一般社団・財団法人は、これを作成しないことができます。

(注2) 収支計算書を作成する場合は、一取引二仕訳となります。

5 適用時期・要否

　内閣府より公表されていたＦＡＱは旧Ⅵ－4－①〜⑥、Ⅵ－5－④として、現行会計基準の取扱いからは削除されています。

　現行の適用については、制度改革後、一定の運用期間が経過したことから、現行の会計基準を適用するものと考えられます。基本的な考え方

は、26 年度報告に記載のとおり、非営利法人の特質から、通常は、公益法人会計基準が企業会計基準より優先するという考えに基づき、法人が判断するものと考えられます。

第2章

財務諸表の体系

1 財務諸表の体系

1 公益法人会計基準

　公益法人会計基準での財務諸表間のつながりは、合計残高試算表が貸借対照表と正味財産増減計算書に分割され、正味財産増減計算書の正味財産期末残高が貸借対照表の正味財産に反映されます。特徴は、正味財産増減計算書の内訳が、企業会計の部門別の損益計算書のように一般正味財産の増減の部と指定正味財産の増減の部に分かれている点であり、一般社団法人で基金を設定している場合は、内訳に基金増減の部を追加し、期末の残高を貸借対照表の正味財産の部に記載します。

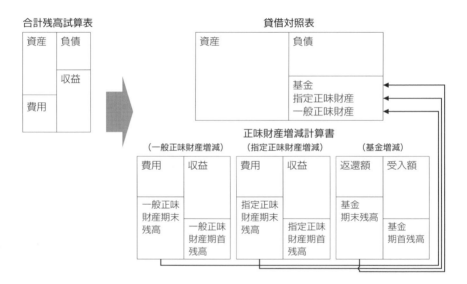

2 企業会計の基準

　企業会計の財務諸表間のつながりは、合計残高試算表が貸借対照表、損益計算書及び株主資本等変動計算書の3つの財務諸表に分割されま

す。前期の貸借対照表の純資産の部における各項目の期末残高が株主資本等変動計算書を通じて損益計算書の当期純利益及び当期の株主資本等の変動が加減算され、当期の貸借対照表の純資産の部における各項目の期末残高につながる関係です。

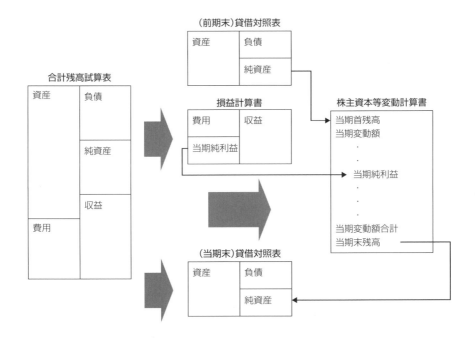

2 貸借対照表

　貸借対照表とは、事業年度末における法人のすべての資産と負債と正味財産を一覧表にまとめたものです。法人の期末日の財政状態を表すもので、貸方に法人を運営するために必要な資金の調達源泉を記載し、借方に調達した資金を何に投資（使用）しているかを記載しています。この点において、公益法人会計基準、企業会計の基準ともに変わるところ

はないですが、以下のとおり、正味財産の部及び固定資産の部について違いがあります。

◾1 正味財産の部

　正味財産は「資産マイナス負債」の差額概念です。公益法人会計基準では、基金を設けた場合、正味財産は基金、一般正味財産及び指定正味財産に区分されます。指定正味財産の区分が行われる理由は、公益法人は、特定の公益事業に使用することを条件に寄付等を受け入れることがあり、その場合にはその受け入れた資産を寄付者等の意思に反した使途に使われないよう制限する必要があるからです。そして、受託者としての説明責任（アカウンタビリティ）からも、特定目的で受け入れた財産とそれ以外のものとを区別することとなっています。

◾2 固定資産の部

　企業会計では設定されていない特定資産の区分が、公益法人会計基準では設けられています。従来から公益法人では、退職給付や資産建設等特定の目的のために資産を確保しているケースがありますが、その場合に貸借対照表上も明確に区分表示することを求めています。

◾3 正味財産の区分と資産の対応関係

　上記の正味財産及び固定資産の区分に関連し、受け入れた正味財産の種類と基本財産や特定資産との関係を明らかにするために、貸借対照表の正味財産の部において、内書きでそれぞれの財産への充当額を記載するものとされています。

　資産の部と正味財産の部（企業会計においては純資産の部）の区分について、公益法人会計基準、及び企業会計の基準との違いをまとめると以下のようになります。

公益法人会計基準	企業会計の基準
資産の部 　流動資産 　固定資産 　　基本財産 　　特定資産 　　その他固定資産	資産の部 　流動資産 　固定資産 　　有形固定資産 　　無形固定資産 　　投資その他の資産
正味財産の部 　指定正味財産 　　（うち基本財産への充当額） 　　（うち特定資産への充当額） 　一般正味財産※ 　　（うち基本財産への充当額） 　　（うち特定資産への充当額）	純資産の部 　株主資本 　　資本金 　　資本剰余金 　　利益剰余金 　　自己株式 　評価・換算差額等 　新株予約権

※法人法第131条により基金を設けた場合には、基金の区分を指定正味財産の上に設けて（うち、基金財産への充当額）、（うち特定資金への充当額）という内訳を表示します。加えて、一般正味財産を「代替基金」と「その他一般正味財産」に区分して、これらの合計として一般正味財産合計を表示し、内訳を記載することとなります。

　なお、会計区分を有する公益社団・財団法人は、別途、貸借対照表内訳表を作成する必要があります。ただし公益社団・財団法人で、収益事業等から生じた利益のうち50％を超えて公益目的事業財産に繰り入れない場合、貸借対照表内訳表の作成は、法令上要請されてはいません。詳細については、第3章において解説します。

3　正味財産増減計算書

　正味財産増減計算書とは、当該事業年度における正味財産のすべての増減を明らかにする計算書です。公益法人会計基準での正味財産増減計

算書の主な特徴は、①様式面で収益・費用の概念を採用している点と、②一般正味財産増減の部と指定正味財産増減の部とに区分した点です。

1 一般正味財産増減の部の区分

公益法人会計基準では、収益・費用の表示をするとともに、一般正味財産増減の部を、経常増減の部・経常外増減の部に区分し、さらに、経常増減の部を経常収益と経常費用、経常外増減の部を経常外収益と経常外費用とに区分しています。

その背景には、公益法人の事業の効率性の情報を提供する計算書にするという観点が反映されています。

2 一般正味財産増減の部と指定正味財産増減の部について

公益法人会計基準において、正味財産が指定正味財産と一般正味財産とに区分されることに伴い、正味財産増減計算書においても、指定正味財産の増減と一般正味財産の増減を分けています。これにより、一般正味財産増減の部の経常増減の部は公益法人の事業活動の効率性の指標を示すことになります。また、当期一般正味財産増減額は企業会計における当期純利益に相当するとして比較できます。

さらに基金を設定した場合には、正味財産増減計算書は、一般正味財産増減の部、指定正味財産増減の部及び基金増減の部に区分します。基金増減の部は、基金増減額を発生原因別に表示し、これに基金期首残高を加算して基金期末残高を表示します。

なお、指定正味財産増減の部と一般正味財産増減の部とに分けたことにより、指定正味財産から一般正味財産へ振替えをすることがあります。また、会計区分を有する公益社団・財団法人については、別途、正味財産増減計算書内訳表を作成する必要があります。これらについては、第9章で解説します。

4　キャッシュ・フロー計算書

　公益法人会計基準では、実績としてのキャッシュ・フローの状況を示すキャッシュ・フロー計算書を財務諸表として位置づけ、それに伴い、従前採用していた収支計算書を財務諸表の範囲に含めていません。

　上記で「実績としてのキャッシュ・フロー」としているのは、キャッシュ・フロー計算書の資金概念が「現金及び現金同等物」となり収支計算書の資金概念よりも狭まり、きわめて客観性の強い資金フローが表示されるためです。そのため、公益法人の法人運営・管理上も有用なものとして作成意義があり導入されたものですが、企業会計において強制適用される法人が公開会社等に限られている点とのバランスから大規模な公益法人のみの適用となっています。

	キャッシュ・フロー計算書	(内部管理事項における) 収支計算書
位置づけ	財務諸表	予算の執行状況を示す内部管理書類
資金の範囲	資金の範囲は、現金及び預入期間が3か月以内の定期預金等の現金同等物のみとなる	資金の範囲は各法人が決定する 現金預金のほか、決済性の短期債権債務を資金の範囲として採用する法人が多い
表　示	・事業活動によるキャッシュ・フロー ・投資活動によるキャッシュ・フロー ・財務活動によるキャッシュ・フロー に区分表示される	・事業活動収支の部 ・投資活動収支の部 ・財務活動収支の部 ・(予備費) に区分される
作　成	会計仕訳に基づき集計作成する方法及び損益計算書(正味財産増減計算書)及び貸借対照表をもとに組替えて作成可能	実際の収入・支出に基づき集計作成

第2章　財務諸表の体系

📖 キャッシュ・フロー計算書については新日本有限責任監査法人『平成29年2月改訂 公益法人・一般法人の会計・税務』(清文社、2017年)235頁をご参照ください。

📖 収支計算書の取扱いについては、「公益法人会計基準の平成16年改正基準適用下における内部管理事項について」が参考となります。新日本有限責任監査法人『平成29年2月改訂 公益法人・一般法人の会計・税務』(清文社、2017年)305頁をご参照ください。

第3章

貸借対照表

1 貸借対照表の表示方法

■1 貸借対照表の内容

> **公益法人会計基準**
>
> 第2 貸借対照表
> 1 貸借対照表の内容
>   貸借対照表は、当該事業年度末現在におけるすべての資産、負債及び正味財産の状態を明りょうに表示するものでなければならない。

　貸借対照表は、公益法人の事業年度末の財政状態を正しく表示するためのものです。したがって、すべての資産、負債及び正味財産を記載しなければなりません。ただし、重要性の原則を適用した結果、取得時に費用処理した消耗品等や、重要性が乏しく計上しなかった引当金等は、正規の簿記の原則に従った処理として、貸借対照表に計上せずとも認められます。

　また、貸借対照表の表示にあたっては明瞭性の原則に従うことが求められ、区分表示や総額主義の原則（次頁参照）は、この原則に従った規定と位置づけられます。

■2 貸借対照表の区分

> **公益法人会計基準**
>
> 第2 貸借対照表
> 2 貸借対照表の区分
>   貸借対照表は、資産の部、負債の部及び正味財産の部に分かち、更に

> 資産の部を流動資産及び固定資産に、負債の部を流動負債及び固定負債に、正味財産の部を指定正味財産及び一般正味財産に区分しなければならない。…（以下省略）

　公益法人には資本の概念がないため、企業会計の純資産の部にあたる部分は「資産マイナス負債」すなわち法人が有する正味財産という位置づけです。また、貸借対照表において資産と負債、資産と正味財産は、相殺せず総額によって両建で表示することとされていますが（総額主義の原則）、これは一般原則の明瞭性の原則に従った規定です。なお、総額主義の原則は正味財産増減計算書においても適用されます（第9章参照）。

3 正味財産の区分と資産の対応

公益法人会計基準

第2　貸借対照表
**　2　貸借対照表の区分**
　なお、正味財産の部には、指定正味財産及び一般正味財産のそれぞれについて、基本財産への充当額及び特定資産への充当額を内書きとして記載するものとする。

　公益法人では、資産の部のうち固定資産の部を基本財産、特定資産、その他固定資産に区分しなければなりません。基本財産は、公益法人の事業活動の遂行に必要なものとして定款において基本財産と定められた資産です。また、特定資産は、特定の目的のために使途、保有または運用方法等に制約を課した資産をいい、預金や有価証券等の金融商品に限られるものではなく、土地や建物等である場合もあります。
　正味財産の部においては、指定正味財産と一般正味財産とに区分しな

ければなりません。例えば、寄付により財産を受け入れた資産で、寄付者等の意思による使途の制約がある場合、国または地方公共団体等から補助金を受け入れた場合等は指定正味財産に区分されます（公益法人会計基準注解(注6)）。

　資産の部の基本財産、特定資産の区分は寄付者等の意思による場合を除き法人が定めるのに対して、正味財産の部の指定正味財産、一般正味財産の区分は寄付者等の意思によります。一般正味財産については、これを基本財産としたり、特定資産としたりすることは寄付者等の意思による場合を除き法人の自由です。指定正味財産については、寄付者等の意思による特定の目的のために使途等に制約を課した資産であることから、対応する資産は基本財産または特定資産とすることになります。

　指定正味財産に対応する資産について、受託責任を明確にする意味から、受け入れた資産の額を、貸借対照表上、指定正味財産の区分に記載することになります（公益法人会計基準注解(注6)）。具体的には、指定正味財産の内書きとして「基本財産への充当額」及び「特定資産への充当額」を記載します。なお、一般正味財産の区分においても同様の内書きを記載することにより、総額ではありますが資産と正味財産の対応関係が貸借対照表において明示されています。

　さらに、基本財産及び特定資産の増減額及びその残高を注記することにより、基本財産及び特定資産について各勘定科目別の対応関係が明らかにされ、貸借対照表を補足しています。

　正味財産の区分と資産の対応関係は貸借対照表及び注記において、以下のように表示されます。

貸借対照表

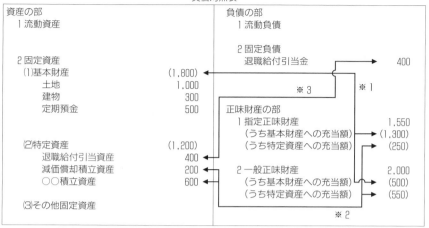

※1 基本財産1,800の財源は指定正味財産1,300及び一般正味財産500
※2 特定資産のうち減価償却積立資産200の財源は一般正味財産200であり、○○積立資産600の財源は指定正味財産250及び一般正味財産350
※3 特定資産のうち退職給付引当資産400は、退職給付引当金400に対するもの

(財務諸表に対する注記)
基本財産及び特定資産の財源等の内訳

科　目	当期末残高	(うち指定正味財産からの充当額)	(うち一般正味財産からの充当額)	(うち負債に対応する額)
基本財産				
土地	1,000	1,000		
建物	300	300		
定期預金	500		500	
小計	1,800	※　1,300	※　500	0
特定資産				
退職給付引当資産	400			400
減価償却積立資産	200		200	
○○積立資産	600	250	350	
小計	1,200	※　250	※　550	400
合計	3,000	1,550	1,050	400

※ 各小計欄は、貸借対照表の正味財産の部の内書きと一致する。

　一般正味財産から充当した資産は法人の意思により自由に取崩しが可能である一方、指定正味財産から充当した資産は寄付者等の指定の解除がない限り、取り崩すことはできません。

4 正味財産区分の振替えがあった場合の資産の対応

　寄付者等の指定の解除があった場合は、指定正味財産の部から一般正味財産の部に振り替えなければなりません。これは、指定正味財産として受け入れた寄付金や補助金が目的たる支出を行うことによって一般正味財産に振り替えられるのと同様の考え方によります。

　ここで「指定の解除」には、寄付者から制約の解除があった場合のほか、減価償却や災害等によって資産価値が減少した場合も実質的に指定が解除されたものとして取り扱います。

　この場合は、貸借対照表上の資産を減らし、正味財産増減計算書の一般正味財産増減の部で減価償却や災害損失を計上するとともに、同額の受取寄付金等を計上し、指定正味財産増減の部で「一般正味財産への振替額」を計上することになります（詳細は第8章・第9章参照）。

　指定正味財産を財源とした基本財産が減価償却により減少した場合の、正味財産の区分と資産の対応関係を貸借対照表及び注記で表すと、以下のようになります。

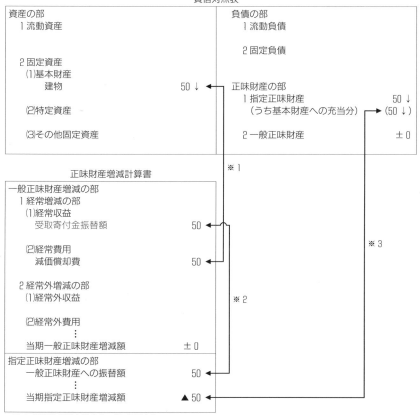

※1 減価償却費を計上し、資産が減少
※2 減価償却費と同額の収益を経常収益に計上するとともに、指定正味財産の部に「一般正味財産への振替額」を計上
※3 指定正味財産は減価償却費だけ減少（一般正味財産は増減なし）

(財務諸表に対する注記)
指定正味財産から一般正味財産への振替額の内訳

内　訳	金　額
経常収益への振替額　　減価償却費計上による振替額	50
経常外収益への振替額	
合　計	50

第3章　貸借対照表

5 基金を設定した場合

基金を設定した場合には、貸借対照表の正味財産の部を基金、指定正味財産及び一般正味財産に区分し、当該基金の額を記載しなければなりません。また、基金の返還により代替基金が計上されている場合には、一般正味財産を代替基金及びその他一般正味財産に区分します（公益法人会計基準注解(注5、7)）。

6 貸借対照表の様式

> **公益法人会計基準**
>
> 第1 総則
>   4 会計区分
>   公益法人は、法令の要請等により、必要と認めた場合には会計区分を設けなければならない。(注2)

当該公益法人が有する会計区分間において生ずる内部取引高は、正味財産増減計算書内訳表において相殺消去するものとします。また、公益法人が会計区分を有する場合には、会計区分間における内部貸借取引の残高は、貸借対照表内訳表において相殺消去するものとします。

貸借対照表の様式は、会計区分を有する場合の内訳表とあわせて示すと公益法人会計基準の運用指針(様式1－1)～(様式1－4)に示すとおりです（巻末資料1参照）。

公益法人会計基準では、「第1 総則」の4において「公益法人は、法令の要請等により、必要と認めた場合には会計区分を設けなければならない」と定められています。

法人が会計区分を有する場合、内訳表の作成が求められますが、貸借対照表内訳表における主な取扱いは次のとおりです。

1．公益社団・財団法人の場合

　公益社団・財団法人の場合、会計区分について、法令上、収益事業等の区分経理について規定されており（認定法第19条）、公益社団・財団法人が収益事業等を行う場合は、収益事業等から生じた利益の50％は公益目的事業財産に繰り入れることになっています（認定法第18条第4号、認定規則第24条）。

　正味財産増減計算書については、法人が会計区分を有する場合、内訳表を作成することが求められているため、会計を公益目的事業会計、収益事業等会計、法人会計に区分して経理し、作成することが必要となります。

　一方、貸借対照表については、収益事業等から生じた利益の50％を超えて公益目的事業財産に繰り入れる場合に内訳表を作成することが求められており（認定法等ガイドライン18.(2)）、収益事業等から生じた利益の50％を繰り入れる場合や、そもそも収益事業等を行っていない場合は、貸借対照表の会計区分による内訳表を作成することは求められていません。

2．移行法人の場合

　移行法人の場合、会計区分について、法令上、実施事業等に係る区分を明らかにしなければならないと規定されており、貸借対照表においては実施事業資産（実施事業に係る資産）を区分して明らかにすることが必要となります（整備規則第42条）。

　実施事業資産を区分する方法としては、内閣府より公表されているFAQ（問X－4－2）において以下の方法が示されています。

① 正味財産増減計算書と同様、貸借対照表内訳表において実施事業等会計、その他会計及び法人会計の3つに区分することにより、明示する方法
② 貸借対照表に実施事業資産を注記する方法

　このうち、①の方法の場合は、その様式が運用指針「13 様式につい

て」の様式1-4で示されています。一方、②の方法の場合については、当該FAQ（X-4-②）において記載例が示されています。

　例えば、実施事業に供している機械等の固定資産を除却した場合、除却に係る損益は、公益目的支出計画に反映することになり、区分しておくことで実施事業に係る支出または収入が明らかになります。

　貸借対照表に実施事業資産を注記する方法を選択した場合には、以下の記載例が考えられます。このような記載により、実施事業資産は明示されるものと考えられます。

【記載例】

```
貸借対照表に対する注記
××．実施事業資産は以下のとおりである。

    基本財産          投資有価証券    500
    その他固定資産    土　　地        200
                      建　　物        100
```

　上記①、②のうちいずれかの方法を採用するかは任意であり、各法人で判断することとなりますが、表示の継続性から一旦採用した方法はその後も継続して適用することが適当です。

2　資産の評価

1 資産の定義及び区分

　公益法人会計基準において、資産の定義は明記されていませんが、会計理論上は大まかに以下の3つの考え方があります。

① 売却等によって換価可能なものとする考え方
② 企業活動において収益獲得のために投下・回収されるものとする考え方

③ 将来の企業活動におけるサービス提供能力・経済的便益が期待されるものとする考え方

公益法人は収益獲得を活動目的としていないため、もともと②の考え方はなじまないといえます。企業会計においても、従来は②の考え方が一般的でしたが、現在は③の考え方が主流となっています。この考え方によれば、資産が有する将来のサービス提供能力・経済的便益が変化した場合には資産価値が変わることとなり、時価主義へとつながる可能性があるといえます。公益法人会計基準において導入されている金融商品会計や退職給付会計には、この③の考え方が底流にあります。

このように考えると、公益法人においても資産とは、「将来の事業活動におけるサービス提供能力、すなわち将来の経済的便益獲得（または正味財産増加）が期待できるもの」ということができます。

資産性の判断にあたっては、資産の定義に基づく将来のサービス提供能力・経済的便益が判断基準になります。

2 取得原価主義

公益法人会計基準

第2 貸借対照表
 3 資産の貸借対照表価額
(1) 資産の貸借対照表価額は、原則として、当該資産の取得価額を基礎として計上しなければならない。交換、受贈等によって取得した資産の取得価額は、その取得時における公正な評価額とする。

公益法人会計基準では、企業会計原則と同様、資産の評価基準として、取得原価主義が採用されているため、資産の貸借対照表価額は、原則として、当該資産の取得原価を基礎として計上します。取得原価主義とは、

その資産を取得するために要した取得時の支払対価をもとに資産を評価する考え方をいいます。

　交換、受贈等によって取得した資産の場合、その取得に際して支払対価を伴わないため、公正な評価額とします。ここで、「公正な評価額」とは何かということが問題となりますが、時価を基礎とした評価額をいい、これは観察可能な市場価格に基づく価額をいいます。市場価格がない場合には不動産鑑定評価額等の合理的に算定された価格とします。

　低廉譲渡によって生じる取引価額と公正な評価額との差額（受贈益）は寄付等に該当するため、譲渡人は寄付者等に該当し、その意思により当該資産等の使途に制約が課されている場合には、指定正味財産として区分する必要があります。

3 外貨建資産及び負債の評価

公益法人会計基準

（注8）外貨建の資産及び負債の決算時における換算について

　外国通貨、外貨建金銭債権債務（外貨預金を含む。）及び外貨建有価証券等については、子会社株式及び関連会社株式を除き、決算時の為替相場による円換算額を付すものとする。

　決算時における換算によって生じた換算差額は、原則として、当期の為替差損益として処理する。

　外貨建の資産及び負債については、原則として、決算時における為替相場により円貨に換算し、また、その換算によって生じた換算差額は、原則として、当期の為替差損益として処理します（公益法人会計基準注解（注8））。為替差損と為替差益の両方が生じた場合、正味財産増減計算書においては原則として、相殺表示します。

取引例

① A団体アメリカ支部から、備品（10,000ドル）を購入した。購入日の為替相場は1ドル90円とする。
② ①の備品代金5,000ドル分の支払いを行った。支払日の為替相場は1ドル80円とする。
③ 残額5,000ドルの支払いは未払いのまま決算時を迎えた。決算時の為替相場は1ドル110円とする。

1 備品購入時

〈会計仕訳〉　　　　　　　　　　　　　　　　　　　　　　　（単位：千円）

借　方		貸　方	
備品（※） （B／S）	900	未払金（※） （B／S）	900

※ 10,000ドル×@90円

2 代金半額支払時

〈会計仕訳〉　　　　　　　　　　　　　　　　　　　　　　　（単位：千円）

借　方		貸　方	
未払金（※1） （B／S）	450	現金預金（※2） （B／S） 為替差益（※3） （正味・一般）	400 50

※1　5,000ドル×@90円（未払金の取引発生時の為替相場）
※2　5,000ドル×@80円（現金支払の取引発生時の為替相場）
※3　※1と※2の差額

3 決算時

〈会計仕訳〉 (単位:千円)

借　方	貸　方
為替差損(※)　　　　　　　100 (正味・一般)	未払金(※)　　　　　　　100 (B/S)

※ 5,000ドル×(@110円−@90円)

換算の結果、為替差損と為替差益の両方が生じた場合、正味財産増減計算書においては原則として相殺表示するため、50千円の為替差損が正味財産増減計算書に計上されます。

4 資産の時価の下落

公益法人会計基準

第2　貸借対照表

3　資産の貸借対照表価額

(6) 資産の時価が著しく下落したときは、回復の見込みがあると認められる場合を除き、時価をもって貸借対照表価額としなければならない。ただし、有形固定資産及び無形固定資産について使用価値が時価を超える場合、取得価額から減価償却累計額を控除した価額を超えない限りにおいて使用価値をもって貸借対照表価額とすることができる。

公益法人会計基準においては、資産の時価が著しく下落したときのいわゆる強制評価減（減損）についての規定が設けられました。取得原価主義においても資産の価額は将来のサービス提供能力・収益獲得能力（正

味財産増加）を表すものでなければならず、時価が著しく下落したときは、資産価値が減少したものととらえ、回復の見込みがあると認められる場合を除き、時価をもって貸借対照表価額としなければなりません。

この強制評価減（減損）の規定は、具体的には時価評価されない有価証券や有形固定資産・無形固定資産について適用されることになります。

公益法人会計基準の運用指針では、資産の時価の「著しい下落」とは、時価が帳簿価額と比較して概ね50％を超えて下落している場合とされています（公益法人会計基準運用指針11.）。

公益法人会計基準において50％未満の時価の下落の場合については規定がありませんが、著しい下落に該当するかどうかは、各法人の判断で合理的な基準を設けて判定することになります。

また、時価の下落について「回復する見込みがある」と判断される基準は、以下のようになります。

1．市場価格のない株式

株式の場合、時価の下落が一時的なものであり、期末日後概ね1年以内に時価が取得原価にほぼ近い水準にまで回復する見込みのあることを合理的な根拠をもって予測できる場合をいいます。この場合の合理的な根拠は、個別銘柄ごとに、株式の取得時点、期末日、期末日後における市場価格の推移及び市場環境の動向や発行会社の業況等の推移等、時価下落の内的・外的要因を総合的に勘案して検討することが必要です。

ただし、株式の時価が過去2年間にわたり著しく下落した状態にある場合や、株式の発行会社が債務超過の状態にある場合または2期連続で損失を計上しており、翌期もそのように予想される場合には、通常は回復する見込みがあるとは認められません。

2．満期保有目的の債券

債券の場合は、単に一般市場金利の大幅な上昇によって時価が著しく下落した場合であっても、いずれ時価の下落が解消すると見込まれると

きは回復する可能性があるものと認められますが、格付けが著しく低下した場合や、債券の発行会社が債務超過や連続して赤字決算の状態にある場合等、信用リスクの増大に起因して時価が著しく下落した場合には、通常は回復する見込みがあるとは認められません（「金融商品会計実務指針」第91項）。

3．固定資産

　有形固定資産及び無形固定資産について使用価値が時価を超える場合には、取得価額から減価償却累計額を控除した価額を超えない限りにおいて使用価値をもって貸借対照表価額とすることができます（公益法人会計基準運用指針11.）。ここで、使用価値とは、当該資産の使用により将来にわたり得られる収益の現在価値であり、資産または資産グループの継続的使用と使用後の処分によって生ずると見込まれる将来キャッシュ・フローの現在価値をいいます。

4．減損会計の適用

　公益法人における固定資産の減損会計は企業会計と同一ではありません。
　公益法人会計基準第2　3（6）では、「資産の時価が著しく下落したときは、回復の見込みがあると認められる場合を除き、時価をもって貸借対照表価額としなければならない。」とされており、原則として、強制評価減を行う必要があります。
　ただし、「有形固定資産及び無形固定資産について使用価値が時価を超える場合、取得価額から減価償却累計額を控除した価額を超えない限りにおいて使用価値をもって貸借対照表価額とすることができる。」とされており、例外として、帳簿価額（取得価額から減価償却累計額を控除した価額）を超えない限り、使用価値で評価することもできます。
　なお、公益法人において固定資産を使用価値により評価するか否かは任意ですが、使用価値により評価できるのは、対価を伴う事業（公益事業であるか、付随的に行う収益事業であるかは問わない）に供している固定資産

に限られます（実務指針Q 42）。以上をまとめると、次の図のとおりです。

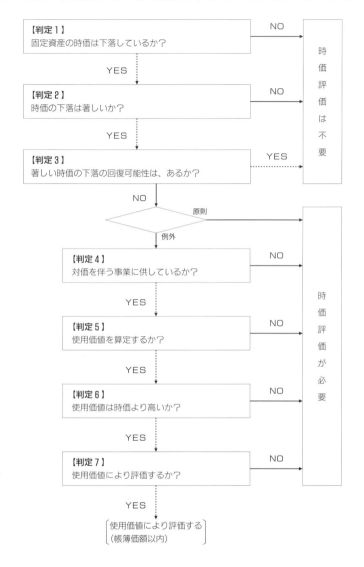

第3章　貸借対照表

📖 減損会計については新日本有限責任監査法人『平成28年2月改訂 公益法人・一般法人の会計・税務』（清文社、2017年）97頁をご参照ください。

3 リース取引

　リース取引とは、特定の物件の所有者たる貸手が、当該物件の借手に対し、合意された期間（以下「リース期間」）にわたりこれを使用収益する権利を与え、借手は、合意された使用料（以下「リース料」）を貸手に支払う取引をいいます。

　リース取引は、ファイナンス・リース取引とオペレーティング・リース取引の2種類に分けられます。このうち、ファイナンス・リース取引とは、リース契約に基づくリース期間の中途において当該契約を解除することができないリース取引またはこれに準ずるリース取引で、借手が、当該契約に基づき使用する物件（以下「リース物件」）からもたらされる経済的利益を実質的に享受することができ、かつ、当該リース物件の使用に伴って生じるコストを実質的に負担することとなるリース取引をいいます。さらに、ファイナンス・リース取引には、リース契約上の諸条件に照らしてリース物件の所有権が借手に移転すると認められる取引（所有権移転ファイナンス・リース取引）と、リース物件の所有権が借手に移転すると認められるもの以外の取引（所有権移転外ファイナンス・リース取引）に分類されます。また、オペレーティング・リース取引とは、ファイナンス・リース取引以外のリース取引をいいます。

📖 リース取引の会計処理については新日本有限責任監査法人『平成29年2月改訂 公益法人・一般法人の会計・税務』（清文社、2017年）56頁をご参照ください。

第4章

流動資産

1 流動資産の範囲

　公益法人において、流動資産に計上される勘定科目としては、公益法人会計基準の運用指針「12. 財務諸表の科目 (1)貸借対照表に係る科目及び取扱要領」に記載されているように、現金預金、受取手形、未収会費、未収金、前払金、有価証券、貯蔵品等があります。
　本章では、有価証券以外の流動資産項目について解説します（有価証券については第6章参照）。また、受取手形、未収金、未収会費等の債権の評価勘定である貸倒引当金については、【7】で解説します。

2 現金預金

1 現金の種類

　現金には、下記①の紙幣や通貨等のほかに、②に挙げた通貨代用証券が含まれます。
　① 国内紙幣及び通貨、外国紙幣及び通貨
　② 他人振出の当座小切手、送金小切手、送金為替手形、配当金領収書、郵便為替証書、トラベラーズチェック、その他通貨代用証券として随時換金可能なもの
　なお、通貨代用証券は、銀行等に要求すればすぐに現金と引き換えられるものであるから、現金勘定で管理します。

2 先日付小切手

　他人振出しの小切手は、現金として取り扱われますが、小切手を発行した日より後の日付が記載された先日付小切手については取扱いが異な

ります。法的にはいつでも現金化は可能ですが、当事者間の特約で先日付の日までは現金化ができないものであり、その性質は受取手形に類似するので、受取手形に含めて処理するのが適切です。

3 小口現金

小口現金とは、日常頻繁に生じる小口経費の支払いのために、一般現金から区分して現金の出納を処理する勘定であり、自己組織内の会計単位への資金移動を行う場合等に使用されます。

小口現金の担当者は、小口経費発生のつど、領収書等と引換えに支払いを行い、一定期間または手持現金のなくなる前に、領収書等とともに小口現金受払実績報告書を提出して、現金の補給を適時行うことになります。

4 預金の種類

預金とは、現金の銀行等の金融機関に対する預け金です。具体的には、以下のとおりです。

預　金	当座預金、普通預金、通知預金、定期預金、定期積金
貯　金	郵便貯金、郵便振替貯金

ただし、決算日の翌日から1年以内に満期の到来しない預金は、流動資産には含めずに、固定資産に表示されます。

3 受取手形

受取手形とは、得意先等から取得した手形上の債権のことです。手形は、手形法の規定により発行される有価証券で、その権利の具体的内容

は金銭債権であり、しかも流通性が付与されています。つまり、一旦発行された手形は、期日までの間、受取人が手許に保管しておくだけでなく、資金化するために割引や裏書することが予定されています。

このように、他人に譲渡した手形を裏書手形、銀行等で割り引いた手形を割引手形といいます。どちらも手形債権がなくなるため、受取手形勘定を減少させる必要がありますが、遡及義務があるため、それを示した会計処理が必要となり、評価勘定または対照勘定のいずれかの方法で行うのが一般的です。

手形受領時及び満期日に入金されたときの仕訳は、以下のとおりです。

取引例

① A事業を実施した対価として、B団体から30の受取手形を受領した。
② B団体振出しの30の手形が満期になり、銀行に入金された。

1 手形受領時

〈会計仕訳〉

借　方		貸　方	
受取手形 （B／S）	30	A事業収益 （正味・一般）	30

2 代金支払時

〈会計仕訳〉

借　方		貸　方	
現金預金 （B／S）	30	受取手形 （B／S）	30

4 未収会費、未収金

1 未収会費

　未収会費とは、法人の会費収入に基づいて発生した未収金のことです。会費を収納すべき時期または期間において計上し、入金とともに減少させるのが原則ですが、実務においては簡便的に、入金時に収益計上し、決算時にはじめて未納分を未収計上する方法を採ることもあります。

取引例

① 3月になったので、翌月末回収予定の3月分の会費100を未収計上した（原則的な方法を採用している）。
② 4月末日に3月分の会費全額が指定口座に入金された。

1 未収会費計上時

〈会計仕訳〉

借　方		貸　方	
未収会費 （B／S）	100	受取会費 （正味・一般）	100

2 未収会費収納時

〈会計仕訳〉

借　方		貸　方	
現金預金 （B／S）	100	未収会費 （B／S）	100

第4章　流動資産

2 未収金

　未収金とは、①取引先等への売上や役務の提供等通常の取引に基づいて発生した未収額または②固定資産の売却等通常の取引以外の取引に基づいて発生した未収額のうち決算日の翌日から1年以内に回収されると認められるもののことです。通常の取引以外の取引に基づいて発生した未収額のうち、1年を超えて回収されると認められる場合は長期未収金として固定資産に計上しなければなりません。

　また、未収金は、例えば請求書を発行した際にその売却代金の未回収額を計上し、代金が回収されたときに減少させるのが原則ですが、実務においては簡便的に、入金時に収益計上し、決算時にはじめて未収分を計上する方法を採ることもあります。

取引例

① 出版物をA団体に売却し、請求書を発行した。売却代金は20であり、全額翌々月に回収予定である（原則的な方法を採用する）。
② 翌々月に、A団体から上記売却代金の全額が指定口座に入金された。

1 未収金計上時

〈会計仕訳〉

借　方		貸　方	
未収金 （B／S）	20	出版物販売収益 （正味・一般）	20

2 未収金収納時

〈会計仕訳〉

借　方		貸　方	
現金預金 （B／S）	20	未収金 （B／S）	20

5 前払金

　前払金とは、物品や役務の提供を受ける前に支払いを行った場合の支払額のことです。手付金等の支払時に前払金勘定に計上し、役務の終了時に減少させる会計処理を行います。したがって、前払金勘定の残高はいわゆる手付金や内金の支払残高を示すことになります。

取引例

① 委託先に、500を手付金として支払った。
② 上記役務の提供受け、残額を小切手を振り出して支払った。

1 手付金支払時

〈会計仕訳〉

借　方		貸　方	
前払金 （B／S）	500	現金 （B／S）	500

2 役務提供

〈会計仕訳〉

借　方		貸　方	
委託費 （正味・一般）	5,000	前払金 現金預金 （B／S）	500 4,500

6 棚卸資産

1 意義

　棚卸資産とは、商品、製品、仕掛品、原材料等のように、直接または間接に販売を目的として保有する資産です。また、貯蔵品も棚卸資産に含まれます。

2 評価

> **公益法人会計基準**
>
> 第2　貸借対照表
> 　3　資産の貸借対照表価額
> ⑷棚卸資産については、取得価額をもって貸借対照表価額とする。ただし、時価が取得価額よりも下落した場合には、時価をもって貸借対照表価額とする。

1．棚卸資産の評価

　棚卸資産の金額は、棚卸数量に単価を乗じて決定されます。ここで、単価をどのように決定するかが問題であり、これが棚卸資産の評価の問題です。

　まず、棚卸資産の評価にあたって、取得価額をどう配分するかという評価方法の問題があります。具体的には、個別法、先入先出法、平均原価法、最終仕入原価法、売価還元法等のような様々な方法があり、各々の法人の事業実体に適した方法を選択適用することになります。

　次に、期末に棚卸資産を原価によって評価するか、それとも時価によって評価するかの評価基準の問題があります。この原価及び時価の適用

方法については、「原価法」と「低価法」の2つの考え方があります。公益法人会計基準3(4)の「棚卸資産については、取得価額をもって貸借対照表価額とする」という部分が「原価法」の考え方であり、但し書き以降が「低価法」の考え方です。

公益法人会計基準においては、低価法が強制適用されます。

ここで公益法人会計基準3(4)の「時価」とは公正な評価額をいい、市場価格に基づく価額をいいます。市場価格が観察できない場合には、合理的に算定された価額を公正な評価額とします。

このような収益性が低下した場合における簿価切下げは、取得原価基準の下で回収可能性を反映させるように、過大な帳簿価額を減額し、将来に損失を繰り延べないために行われる会計処理です。棚卸資産の場合、販売により投下資金の回収を図るため、時価が帳簿価額よりも低下しているときには時価で評価するものです。

市場価格がない場合は、期末前後での販売実績に基づく価額や、特定の販売先との間の契約で取り決められた一定の売価も含まれます。しかし、実務上、収益性の低下が明らかであり、事務負担をかけて収益性の低下の判断を行うまでもないと認められる場合には、時価を見積もる必要はないと考えられます。

2．表示

正味財産増減計算書においては、簿価切下額は売上原価とします。棚卸資産の製造に関し、不可避的に発生すると認められるときには製造費用として処理します。また、切下額が臨時の事象に起因し、かつ、多額であるときには、経常外費用に計上します。

取引例

期末に商品を 10 個（@5）保有しているが、期末の時価は 1 個あたり @4 であった。

〈会計仕訳〉

借　方		貸　方	
棚卸資産評価損 （正味・一般）	10	商品 （B／S）	10

3 貯蔵品の取扱い

　貯蔵品とは、燃料、包装材料、事務用品、消耗工具等のうち、取得時に経費または材料費として処理されず、未使用のまま貯蔵中のものをいいます。切手、収入印紙、タクシーチケット等の金券類も含まれます。よって、貯蔵品を取得したときには、貯蔵品勘定で資産処理し、使用時に費用処理もしくは決算時にまとめて費用処理することになります。また、取得時に全額費用処理し、決算時に未使用分を資産計上する方法もあります。実務上はどちらを採用しても問題はないので、各法人の管理のしやすい方法を選択すればよいと考えられます。

　しかし、上記の重要性の原則により、重要性の乏しいものについては、取得時に全額を費用処理する簡便的な方法を採用することも認められています。期末の貯蔵品の残高を会計上反映しない点が、原則法と異なる点です。

取引例

次の①②のそれぞれについて、原価法を採用している場合と、重要性の原則を適用し、簡便的な方法を採用している場合の仕訳をそれぞれ示すことにする（原則法は、取得時に資産計上し、決算時に使用分を費用処理する方法で考える）。

① 期中に消耗品を100個（取得単価＠1）購入し、小切手を振り出して支払った。
② 期末までに、上記消耗品を95個使用した（期末残高は5個であった）。

1 原則法を採用している場合

・①の仕訳

〈会計仕訳〉

借　方	貸　方
貯蔵品　　　　　　　　　　100 （B／S）	現金預金　　　　　　　　　100 （B／S）

・②の仕訳

〈会計仕訳〉

借　方	貸　方
消耗品費　　　　　　　　　95 （正味・一般）	貯蔵品　　　　　　　　　　95 （B／S）

2 簡便法を採用している場合

・①の仕訳

〈会計仕訳〉

借　方	貸　方
消耗品費　　　　　　　　100 （正味・一般）	現金預金　　　　　　　　　100 （B／S）

・②の仕訳

〈会計仕訳〉

借　方	貸　方
なし	

第4章　流動資産

7 貸倒引当金

1 公益法人会計基準での取扱い

公益法人会計基準

第2 貸借対照表

　3 資産の貸借対照表価額

(2)受取手形、未収金、貸付金等の債権については、取得価額から貸倒引当金を控除した額をもって貸借対照表価額とする。

第5 財務諸表の注記

財務諸表には、次の事項を注記しなければならない。

(8)債権について貸倒引当金を直接控除した残額のみを記載した場合には、当該債権の債権金額、貸倒引当金の当期末残高及び当該債権の当期末残高

　受取手形、未収金等の金銭債権の貸借対照表価額は、金融商品会計基準に従い取得価額から貸倒引当金を控除した金額となります。債権は、企業会計においては一般に回収可能額で評価すべきものであると解されており、公益法人会計基準でも同様の考え方でよいことを明らかにしたものです。なお、債権について貸倒引当金を直接控除した残額のみを記載した場合には、当該債権の債権金額、貸倒引当金の当期末残高及び当該債権の当期末残高を注記しなければならないとされています。

　貸倒見積高の算定の仕方は、債務者の財政状態及び経営成績等に応じて異なります。そのため、債権を一般債権、貸倒懸念債権、破産更生債権等の3つに区分することが必要になります。

一般債権	経営状態に重大な問題が生じていない債務者に対する債権
貸倒懸念債権	経営破綻の状況には至っていないが、債務の弁済に重大な問題が生じているかまたは生じる可能性の高い債務者に対する債権
破産更生債権等	経営破綻または実質的に経営破綻に陥っている債務者に対する債権

1．一般債権

債権全体または同種・同類の債権ごとに、債権の状況に応じて求めた過去の貸倒実績率等合理的な基準により貸倒見積高を算定することとしています。具体的な算定方法については、下記 2 で説明します。

2．貸倒懸念債権

債権の状況に応じて、財務内容評価法またはキャッシュ・フロー見積法のいずれかの方法により貸倒見積高を算定します。財務内容評価法とは、担保または保証が付されている債権について、債権額から担保の処分見込額及び保証による回収見込額を減額し、その残額について債務者の財政状態及び経営成績を考慮して貸倒見積高を算定する方法です。

なお、キャッシュ・フロー見積法とは、債権の元本の回収及び利息の受取に係るキャッシュ・フローを合理的に見積もることができる債権について、債権の発生または取得当初における将来キャッシュ・フローと債権の帳簿価額との差額が一定率となるような割引率を算出し、債権の元本及び利息について、元本の回収及び利息の受取が見込まれるときから当期末までの期間にわたり、債権の発生または取得当初の割引率で割り引いた現在価値の総額と債権の帳簿価額との差額を貸倒見積高とする方法です。

3．破産更生債権等

財務内容評価法により貸倒見積高を算定します。破産更生債権等の場合は、債権額から担保の処分見込額及び保証による回収見込額を減額し、その残額を貸倒見積高とします。

4．一般債権に対する貸倒引当金繰入及び戻入額

正味財産増減計算書の一般正味財産増減の部の経常損益の部に計上されます。一方、貸倒懸念債権及び破産更生債権等に対する貸倒引当金繰入及び戻入額は、正味財産増減計算書の一般正味財産増減の部の経常外損益に計上されます。このように区別される理由は、一般的には、一般債権の繰入れ及び戻入れについては、毎期の事業活動から経常的に生じていると考えられており、一方、貸倒懸念債権及び破産更生債権の繰入れ及び戻入れについては、臨時的または過年度修正に係るものと考えられるからです。

ただし、公益法人会計基準注解（注14）のなお書きにも記載されているとおり、貸倒懸念債権及び破産更生債権の繰入れ及び戻入れについても、金額が僅少なものについては経常増減の区分に記載することができます。

以上の内容を図で示すと、次のようになります。

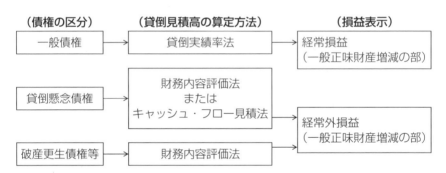

■2 一般債権の貸倒引当金の算定方法について

1．貸倒実績率法

金融商品会計基準では、一般債権については、債権全体または同種・同類の債権ごとに、債権の状況に応じて求めた過去の貸倒実績率等合理的な基準により貸倒見積高を算定することとしています。金融商品会計

実務指針によると、貸倒実績率は、ある期における債権残高を分母とし、翌期以降における貸倒損失額を分子として算定しますが、貸倒実績率を算定する期間（以下、「算定期間」）は、一般には債権の平均回収期間が妥当です。ただし、当該期間が1年を下回る場合には1年とします。なお、当期末に保有する債権について適用する貸倒実績率を算定するにあたっては、当期を最終年度とする算定期間を含むそれ以前の2〜3算定期間に係る貸倒実績率の平均値によります。

一方、税務上の貸倒実績率法の算定方法については、その事業年度開始の日前3年以内に開始した事業年度の売掛債権等の貸倒損失の額の平均値を平均貸倒額として、これを、同じくその事業年度の日前3年以内に開始した各事業年度終了時における一般売掛債権等の帳簿価額の1事業年度あたりの平均値である平均債権額で除して求めることになっています。

会計と税務との算定方法の違いについて、以下の例でそれを示します。

取引例

D法人における、過去の貸倒れの発生の状況は下表のとおりである。債権の平均回収期間は1年とし、当期に適用する貸倒実績率は過去3算定年度に係る貸倒実績率の平均値とする。

また、貸倒発生額はすべて前事業年度の債権期末残高から発生したものとする。

年　度	一般債権期末残高	貸倒発生額
X1年度	1,000	10
X2年度	1,500	20
X3年度	2,000	15
X4年度	1,800	60

X4年度末の貸倒引当金の算定方法は、以下のとおりである。

1 金融商品会計基準による方法

① X1年度を基準年度とする貸倒実績率＝20÷1,000＝0.02
② X2年度を基準年度とする貸倒実績率＝15÷1,500＝0.01
③ X3年度を基準年度とする貸倒実績率＝60÷2,000＝0.03

　上記3算定期間の貸倒実績率の平均値を計算すると、X4年度の貸倒実績率の算定は、(0.02+0.01+0.03)÷3＝0.02となる。よって、X4年度の貸倒引当金の計上額は1,800×0.02＝36となる。

2 税務による方法

①貸倒損失の額の平均値＝(10+20+15)÷3＝45
②一般債権期末残高の平均値＝(1,000+1,500+2,000)÷3＝1,500

　X4年度の貸倒実績率を算定すると、45÷1,500＝0.03になるので、X4年度の貸倒引当金の計上額は1,800×0.03＝54となる。
（注）繰入限度額に係る割増措置については、計算上考慮していない。

2．法定繰入率法

　公益法人では、税務上法定繰入率を用いることが認められています。期末の一般債権額に以下の法定繰入額を乗じて計算します。2つ以上の業種を兼業している場合は、主たる事業の繰入率を採用します。

　前述の取引例において、仮にD法人の主たる事業がその他事業の場合、X4年度の貸倒引当金の金額は、1,800×0.006＝10.8となります。

業　種	法定繰入率（千分比）
卸・小売業	10
製造業	8
金融・保険業	3
割賦小売業	13
その他の事業	6

　なお、実績繰入率等と上記法定繰入率に差異が認められるときは、実績繰入率を用いることを検討する必要があります。

第5章

固定資産

1 固定資産の範囲

1 固定資産の分類

公益法人会計基準

> （注4）基本財産及び特定資産の表示について
> 1 当該公益法人が基本財産又は特定資産を有する場合には、固定資産を基本財産、特定資産及びその他固定資産に区分するものとする。

　固定資産とは、1年を超えて使用または運用される資産をいい、目的別に基本財産、特定資産及びその他固定資産に3分類されます。

　基本財産とは、定款において基本財産と定められた資産であり、公益法人の事業活動の遂行に必要な財産です。

　特定資産とは、特定の目的のために使途、保有または運用方法等に制約を課した資産をいいます。このような資産は、預金や有価証券等の金融資産に限られるものではなく、土地や建物等である場合もあります。

　金融資産の場合は土地や建物等と異なり、外観だけでは特定し難いため、公益法人会計基準注解（注4）3で独立の科目をもって、特定資産に区分するとしていますが、土地や建物等においては、特定資産に区分する場合においても、保有目的を示す独立の科目による必要はありません。ただし、保有目的を示す独立の科目を使用する必要があると考えられる場合には、当該科目を使用することになります（実務指針Q 24）。

　その他固定資産とは、基本財産及び特定資産以外の固定資産をいいます。

　本章では、基本財産に計上される有価証券及び投資有価証券、子会社株式、関連会社株式以外の固定資産科目について解説します（これら有価証券項目については第6章参照）。

1．基本財産の財源

　寄付者等が、基本財産とすることを条件として出捐した部分は、指定正味財産を財源とします。また、法人が自らの意思で自己資金等を基本財産とした部分は一般正味財産を財源とします。なお、法人の意思により基金に対応する資産を基本財産として区分することは可能であるため、その部分は、基金を財源とすることとなります。

2．特定資産の財源

　特定資産のうち、寄付者等が使途、保有または運用に関して制約を課し、法人がこれを受け入れた部分は、指定正味財産を財源とします。また、法人自らが使途、保有または運用に関して制約を課した部分は、一般正味財産、基金及び負債を財源とします。

　一般正味財産を財源とする特定資産とは、法人自らが特定の目的のために預金や有価証券等を当該資産の保有目的を示す科目で積み立てるものであり、例えば、固定資産購入に係る積立資産等があります。また、負債に対応する特定資産とは、特定の負債の支払いに充てるために、対応する負債を限度として、預金や有価証券等を当該資産の保有目的を示す科目で積み立てるものであり、例えば、退職給付引当金に対応する退職給付引当資産、預り保証金に対応する預り保証金引当資産等があります（実務指針Q 27）。

3．その他固定資産の財源

　基本財産及び特定資産以外の固定資産は、その他固定資産に区分されます。その他固定資産は、指定正味財産を財源とすることはなく、一般正味財産、基金及び負債を財源とします（実務指針Q 25）。

　固定資産科目と財源との関係を示すと、以下のとおりです。

【固定資産と財源の関係】

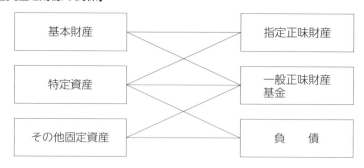

2 固定資産の計上基準

　固定資産に計上されるものとして、土地、建物、構築物、什器備品、車両運搬具、建設仮勘定、投資有価証券、敷金、保証金、借地権、電話加入権等があります。これらの項目のうち、1年以上にわたり使用または運用されるものが固定資産として計上され、使用期間が1年未満のものは、固定資産として計上されず費用処理されることになります。さらに、使用期間が1年以上であっても金額が僅少なものまで資産計上することは管理上煩雑なため、重要性に鑑み、一定の金額を設けそれ未満のものは消耗什器備品費や消耗品費等の経費として処理することになります。

　この一定金額を具体的にいくらにするかは、本来各法人の判断に任せられていますが、法法上、10万円未満の減価償却資産については全額を一時に損金処理することが認められているため、実務上は10万円以上としている例が多いです。

2 固定資産の評価と減価償却

1 固定資産の評価方法
1．固定資産の取得

> **公益法人会計基準**
>
> **第2 貸借対照表**
> **3 資産の貸借対照表価額**
> (1) 資産の貸借対照表価額は、原則として、当該資産の取得価額を基礎として計上しなければならない。交換、受贈等によって取得した資産の取得価額は、その取得時における公正な評価額とする。

　貸借対照表に計上する資産の評価額は、原則として取得原価によることとしています。これは、資産を取得したときには取得時の価格で資産を評価し、その後もこの評価額を基礎に貸借対照表価額を決定する取得原価主義の考え方によるものです。取得原価は実際の取引価額に基づくため、客観性・検証可能性の高い評価額といえます。

　ただし、資産を無償もしくは低廉な価格で取得した場合には、取得原価によると適正な資産価値を表せないため、取得時における資産の価値を表す「公正な評価額」で評価するよう定めています。

　なお、「公正な評価額」とは、時価を基準とした評価額のことであるが、実務上算定が困難なものについては、不動産鑑定評価額や公示価格等によることになります。

　取得方法の違いによる評価額をまとめると、以下のようになります。

【取得価額】

取得方法	取得価額
購　　入	購入代価＋引取費用等の付随費用
交　　換	譲渡資産の簿価（同種・同一用途の交換を前提）
受　　贈	公正な評価額
自家建設	適正な原価計算の基準に従って算定された製造原価

(注)償却済の有形固定資産は、除却されるまで残存価額または備忘価額で記載する。

取引例

備品を50で購入した。

購入時

〈会計仕訳〉

借　方		貸　方	
什器備品 （B／S）	50	現金預金 （B／S）	50

2．固定資産の売却・除却

　固定資産を売却した場合には、売却による収入額と売却固定資産の帳簿価額の差額を「固定資産売却益」または「固定資産売却損」として、「経常外増減の部」の「経常外収益」または「経常外費用」に計上します。

取引例

備備品（帳簿価額 50）を 60 で売却した。

売却

〈会計仕訳〉

借　方		貸　方	
現金預金 （B／S）	60	什器備品 （B／S）	50
		什器備品売却益 （正味・一般）	10

　また、固定資産を使用しなくなったこと等により除却する場合には、当該固定資産の帳簿価額を貸借対照表上、資産の減少として計上し、同額を正味財産増減計算書上、固定資産除却損として「経常外増減の部」の「経常外費用」に計上します。

取引例

備品（帳簿価額 50）を除却した。

除却

〈会計仕訳〉

借　方		貸　方	
什器備品除却損 （正味・一般）	50	什器備品 （B／S）	50

■2 減価償却と費用配分の原則
1．減価償却

> **公益法人会計基準**
>
> 第2　貸借対照表
> 　3　資産の貸借対照表価額
> 　(5) 有形固定資産及び無形固定資産については、その取得価額から減価償却累計額を控除した価額をもって貸借対照表価額とする。

　有形固定資産の取得原価は、それを使用することによって獲得された収益に対応する費用として、期間配分する必要があります。この配分にあたり、一定の計画に従って、規則的に費用として配分する計算を減価償却といいます。

　減価償却の方法としては、一般的に「定額法」と「定率法」がある。定額法とは、毎期均等額の減価償却費を計上する方法であり、定率法とは、毎期期首未償却残高に一定率を乗じた減価償却費を計上する方法であります。

2．費用配分の原則

　費用配分の原則とは、取得原価主義により評価された資産の取得原価を、当期の費用と次期以降の費用に期間配分することを要求する原則です。すなわち当期の収益獲得に対応する部分は、当期の費用として計上し、次期以降の収益獲得に対応する部分は、貸借対照表価額として計上するという考え方です。固定資産の減価償却は、この費用配分の原則に従った会計処理方法です。

　毎年の減価償却額は、固定資産の耐用年数にわたり、一般的には定額法または定率法のいずれかにより算出されます。また、減価償却計算の方法は、特別の事情がない限り、毎期継続して適用する必要があります。

耐用年数は、理論上は**物質的減価**（資産を利用したことによる磨耗や時の経過による損耗等）と**機能的減価**（資産の陳腐化や研究開発等を原因とした不適応化等）を考慮して公益法人の判断により決定することになりますが、算出が困難な場合が多く、実務上は税法上の耐用年数（法定耐用年数）に基づき計算する場合が一般的です。

　残存価額は、固定資産の耐用年数到来時において予想される当該資産の売却価額または利用価額です。実務上は税法上の取扱いに準じて処理することになると考えられますが、平成19年度税制改正により、平成19年4月1日以後に取得する新規取得資産について償却可能限度額と残存価額が廃止され、耐用年数経過時に1円（備忘価額）まで償却することができることとなりました。また、平成19年3月31日以前に取得した既存資産については、償却可能限度額として簿価の95％まで償却した後、5年間で1円まで均等償却を行うことができます。

　固定資産の取得価額から減価償却累計額を控除する際、直接減額する方法と減価償却累計額勘定を使用して間接的に控除する方法があります。前者を直接法、後者を間接法と呼びます。

　毎期の減価償却費は、以下の計算式により算出されます。

【定額法】

減価償却費 ＝ 取得原価 ÷ 耐用年数 × 当該年度の経過月数 ／ 12

【定率法】

減価償却費 ＝ 期首未償却残高 × 償却率 × 当該年度の経過月数 ／ 12

> **取引例**
>
> 備備品(取得価額50)を、耐用年数5年として、税法基準により減価償却を実施した。

1 減価償却－直接法

〈会計仕訳〉

借　方		貸　方	
管理費－什器備品減価償却費 (正味・一般)	10	什器備品 (B／S)	10

2 減価償却－間接法

〈会計仕訳〉

借　方		貸　方	
管理費－什器備品減価償却費 (正味・一般)	10	什器備品減価償却累計額 (B／S)	10

3 基本財産

1 基本財産とは

　法人法上の基本財産とは、財団法人の目的である事業を行うために不可欠なものとして定款で定めた財産です(FAQ問Ⅵ－3)。定款に基本財産を定めるにあたっては、どの財産が基本財産となっているのかを、ある程度具体的に判別できるような方法で定款に記載することが望ましいとされていますが、その定め方については、法人における任意であると考えられます。

　基本財産は、法人法第172条第2項において、財団法人の目的である事業を行うために不可欠なものとして定款で定めた場合には、定款に

おいてその維持義務と処分制限があるものとして規定することが定められています。したがって、基本財産の減失が事業の成功の不能にあたる場合は、財団法人の解散事由の1つとなっています（法人法第202条第1項の三）。

2 基本財産の評価額が減少した場合の処理

　公益法人会計基準においては、基本財産に含まれる建物等について減価償却を行うことが義務づけられ、また有価証券についても時価評価が導入されたことから、基本財産が減少することもあります。減価償却や時価評価に伴う減少額等が基本財産の処分に該当するか否かは、法人が自ら定めたルールに従うこととなります。例えば、建物等の減価償却資産は、モノとして建物を維持することであれば、減価償却により価値の減少により基本財産の計上額が減少しても、補填の必要はありません。また、有価証券等の時価評価により、価値が減少した場合、金額として基本財産の計上額を維持するというルールであれば、評価損が発生したら、損失額相当を基本財産に補填することとなります。

取引例　基本財産として寄付金100を受け入れ、定期預金に振り替えた。なお、寄付者により使途の指定を受けている。

1 寄付金の受入れ

〈会計仕訳〉

借　方		貸　方	
現金預金 （B／S）	100	受取寄付金 （正味・指定）	100

2 基本財産への振替え

〈会計仕訳〉

借　方		貸　方	
基本財産－預金 （B／S）	100	現金預金 （B／S）	100

取引例

基本財産として土地2,000を取得した。なお、取得財源は基本財産として保有している預金である。

支出を伴う取得

〈会計仕訳〉

借　方		貸　方	
基本財産－土地 （B／S）	2,000	基本財産－預金 （B／S）	2,000

取引例

基本財産として土地2,000の寄付を受けた。なお、寄付者より土地の薄価相当の2,000について基本財産として維持するよう使途の指定を受けている。

現物寄付による取得

〈会計仕訳〉

借　方		貸　方	
基本財産－土地 （B／S）	2,000	基本財産－土地受贈益 （正味・指定）	2,000

取引例

　事務所移転により利用価値が生じなくなったため、理事会決議により基本財産としての土地2,000を3,000で売却し、売却代金は基本財産としての預金とした。

売却

〈会計仕訳〉

借　方		貸　方	
現金預金 （B／S）	3,000	基本財産－土地 （B／S）	2,000
		基本財産－土地売却益 （正味・指定）	1,000

〈会計仕訳〉

借　方		貸　方	
基本財産－預金 （B／S）	3,000	現金預金 （B／S）	3,000
基本財産－土地売却益（正味・指定）	1,000	基本財産－土地売却益 （正味・一般）	1,000

取引例

　基本財産として国債90の寄付を受けた。なお、寄付者より国債の額面を維持するように使途の指定を受けている。

寄付の受入れ

〈会計仕訳〉

借　方		貸　方	
基本財産－投資有価証券 （B／S）	90	基本財産－投資有価証券受贈益 （正味・指定）	90

第5章　固定資産

取引例

基本財産としての国債が 100 で満期償還され、償還金は基本財産としての預金に預け入れた。

〈会計仕訳〉

借　方		貸　方	
現金預金 （B／S）	100	基本財産－投資有価証券 （B／S）	100

〈会計仕訳〉

借　方		貸　方	
基本財産－預金 （B／S）	100	現金預金 （B／S）	100

実務上は、基本財産内での振替処理のみとする方法もある。

〈会計仕訳〉

借　方		貸　方	
基本財産－預金 （B／S）	100	基本財産－投資有価証券 （B／S）	100

取引例

基本財産としての国債の運用により、利息 5 を受け入れた。なお、事業の用に供するため一般正味財産増減の部へ振り替えた。

〈会計仕訳〉

借　方		貸　方	
現金預金 （B／S）	5	基本財産受取利息 （正味・指定）	5

〈会計仕訳〉

借　方		貸　方	
一般正味財産への振替額 （正味・指定）	5	基本財産受取利息 （正味・一般）	5

4 特定資産

1 特定資産とは

公益法人会計基準

(注4) 基本財産及び特定資産の表示について
3 当該公益法人が特定の目的のために預金、有価証券等を有する場合には、当該資産の保有目的を示す独立の科目をもって、貸借対照表上、特定資産の区分に記載するものとする。

特定資産とは、法人が特定の目的のために使途、保有または運用方法等に制約がある資産であり、他の資産と区別して管理されます。特定資産として留保する資産には、現金預金や有価証券等の金融資産だけではなく、土地等の固定資産も含まれます。

特定資産の代表的な例は、退職金支払準備のための退職給付引当資産や、固定資産再調達のための減価償却積立資産、会館建設のための会館建設積立資産等であり、将来の特定の支出目的のためにあらかじめ必要な資産を積み立てておく場合に設定され、それ以外の目的には使用することができません。また、特定資産を取り崩す場合は、理事会の承認を受ける等、所定の手続を経て行う必要があります。

なお、金融資産は外見のみでは特定することが難しいため、独立の科目をもって特定資産に区分するとしていますが（公益法人会計基準注解（注4）(3)）、土地や建物等である特定資産の場合には、通常、保有目的を示す独立の科目による必要はないとされています（実務指針Q 24）。

◾2 遊休財産に対する特定資産の影響

　特定資産として資産を保有する場合、その資産の目的、使途、保有または運用方法等について明確にする必要があります。ただし、将来の支出に備えるため、剰余金の一部を財政調整引当資産等の科目名で計上しても使用目的が特定されているとはいえず、積立基準が明確でなく恣意性が入る積立は特定費用準備資金や資産取得資金には該当しないので留意が必要です。

　特定費用準備資金については、FAQ Ⅴ－3－④において、「将来の収支の変動に備えて法人が自主的に積み立てる資金（基金）については、過去の実績や事業環境の見通しを踏まえて、活動見込みや限度額の見積もりが可能な要件を満たす限りで特定費用準備資金を用いることができる。」と積立要件を限定しています。

　公益社団・財団法人の場合には、公益目的事業または公益目的事業を行うために必要な収益事業等その他の業務もしくは活動のために現に使用されておらず、かつ、引き続きこれらのために使用することが見込まれないものとして内閣府令で定めるものの価額の合計額である遊休財産額が、当該事業年度における公益目的事業の実施に要した費用の額を基礎とした額を超えないと見込まれるものであることが認定基準の1つとされています。

　なお、遊休財産額は、その法人の純資産額（資産の額－負債の額）から、①控除対象財産（使途の定めがある財産として認定規則第22条第3項に列挙されている財産。ただし、②対応する負債の額を除く）を差し引いた残額です。

> 遊休財産額＝総資産額－総負債額－（①控除対象財産－②対応する負債の額）

　①控除対象財産は、法人の資産のうち、遊休財産額から除かれる一定の用途を持った財産として、以下のものが挙げられます。なお、引当資産は見合いの引当金とともに、遊休財産額の計算過程において控除され

るため、遊休財産額には含まれません。

- 公益目的保有財産（継続して公益目的事業の用に供するために保有する財産）
- 公益目的事業を行うために必要な収益事業等や管理運営に供する財産
- 資産取得資金（将来、公益目的事業やその他の必要な事業、活動に用いる実物資産を取得または改良するために積み立てる資金）
- 特定費用準備資金（将来の特定の事業費、管理費に特別に支出するために積み立てる資金）
- 寄付等によって受け入れた財産で、財産を交付した者の定めた使途に従って使用または保有されているもの及び定めた使途に充てるために保有している資金

これらの財産は基本財産または特定資産として、保有されている資産です。
また、①の控除対象財産額から②の対応する負債の額を除く計算をするのは、借入金等によって資産を取得しているような場合には、負債が二重で減算されることになってしまうことを防ぐためです。
一般社団・財団法人の場合には、一定の場合を除き公益目的支出計画を作成し、履行しなければなりませんが、遊休財産の規制はありません。

取引例

特定資産として資産の購入に備えて○○資産取得積立資産（資産取得資金（預金））を200計上した。

資産取得資金の設定

〈会計仕訳〉

借　方	貸　方
○○資産取得積立資産　　200 （B／S）	現金預金　　200 （B／S）

取引例

予定していた資産の購入に充てるための上記の特定資産としての資産取得資金（預金）200 を取り崩した。

資産取得資金の取崩し

〈会計仕訳〉

借　方		貸　方	
現金預金 （B／S）	200	○○資産取得積立資産 （B／S）	200

5　その他固定資産

　その他固定資産は、基本財産及び特定資産に分類された固定資産以外のすべての固定資産をいいます。

■1 建物

　建物には、電気設備やエレベーター等の建物附属設備が含まれます。

取引例

期首に建物 3,000 を購入した。

1 取得

〈会計仕訳〉

借　方		貸　方	
建物 （B／S）	3,000	現金預金 （B／S）	3,000

取引例

上記の建物の耐用年数を50年として、定額法（税法基準）により減価償却を実施した。

当期減価償却額＝ 3,000 × 0.02
　　　　　　　＝ 60

2 減価償却（直接法）

〈会計仕訳〉

借　方		貸　方	
減価償却費 （正味・一般）	60	建物 （B／S）	60

取引例

上記の建物を取得から30年後の期末に1,000で売却した。

期末建物簿価＝ 3,000 － 3,000 × 0.02 × 30
　　　　　　　＝ 1,200

3 売却

〈会計仕訳〉

借　方		貸　方	
現金預金 （B／S）	1,000	建物 （B／S）	1,200
建物売却損 （正味・一般）	200		

2 車両運搬具

車両運搬具とは、自動車や自動二輪車、特殊車両等、法人の事業の用

に供される車両及び運搬具をいいます。

取引例

期首に自動車を 200 で購入した。

1 取得

〈会計仕訳〉

借　方		貸　方	
車両運搬具 （B／S）	200	現金預金 （B／S）	200

取引例

上記の自動車の耐用年数を 6 年として、定額法（税法基準）により減価償却を実施した。

　　当期減価償却額 = 200 × 0.167
　　　　　　　　 = 33.4

2 減価償却（直接法）

〈会計仕訳〉

借　方		貸　方	
減価償却費 （正味・一般）	33.4	車両運搬具 （B／S）	33.4

取引例

上記の自動車を耐用年数到来時に除却した。

3 除却

〈会計仕訳〉

借　方		貸　方	
車両運搬具除却損 （正味・一般）	1	車両運搬具 （B／S）	1

3 什器備品

　什器備品とは、事務用機器や事務用机、椅子、キャビネット等、法人の事業の用に供されるもので、法人の経理規程等により固定資産として計上されるものをいいます。

取引例

期首にパソコンを40で購入した。

1 取得

〈会計仕訳〉

借　方		貸　方	
什器備品 （B／S）	40	現金預金 （B／S）	40

取引例

上記のパソコンの耐用年数を4年として、定額法（税法基準）により減価償却を実施した。

当期減価償却額 = 40 × 0.25
　　　　　　　 = 10

2 減価償却（直接法）

〈会計仕訳〉

借　方		貸　方	
減価償却費 （正味・一般）	10	什器備品 （B／S）	10

取引例

上記のパソコンを取得から2年後の期末に10で売却した。

期末什器備品簿価 = 40 － 40 × 0.25 × 2
　　　　　　　　 = 20

3 売却

〈会計仕訳〉

借　方		貸　方	
現金預金 （B／S）	10	什器備品 （B／S）	20
什器備品売却損 （正味・一般）	10		

4 土地

土地として計上されるものには、事業所及び事務所の敷地のほかに、

社宅敷地や運動場、農園等の法人所有の土地が含まれます。

取引例

土地を 2,000 で取得した。

1 取得

〈会計仕訳〉

借　方		貸　方	
土地 （B／S）	2,000	現金預金 （B／S）	2,000

取引例

上記の土地を 3,000 で売却した。

2 売却

〈会計仕訳〉

借　方		貸　方	
現金預金 （B／S）	3,000	土地 （B／S）	2,000
		土地売却益 （正味・一般）	1,000

5 建設仮勘定

　建設仮勘定とは、建物等の事業の用に供する資産を建設した場合における支出及び当該建設の目的のために充当した材料をいいます。ここで、設備の建設のために支出した手付金もしくは前渡金または設備の建設のために取得した機械等で保管中のものは、建設仮勘定として計上されます。
　ただし、建設またはその他の目的にあてられる資材の購入のための前

第5章　固定資産

渡金や資材で、建設にあてるものとその他の目的にあてるものとに区分することが困難である場合には、当該前渡金及び資材は、それぞれ前渡金及び貯蔵品として計上します。

なお、建設仮勘定は、建設目的ごとに区分せず一括して表示されますが、長期にわたる巨額の資産の建設については、建設目的別に表示することができます。また、別の科目で計上することが適当である場合には、建設前渡金その他の科目で表示することができます。

取引例

法人使用予定の建物の建設のため、前渡金として500を支払った。

1 取得

〈会計仕訳〉

借　方		貸　方	
建設仮勘定 （B／S）	500	現金預金 （B／S）	500

取引例

上記の建物が完成し、引渡しを受けた。

2 固定資産への振替

〈会計仕訳〉

借　方		貸　方	
建物 （B／S）	500	建設仮勘定 （B／S）	500

6 借地権

借地権とは、他人の所有する土地を長期間にわたり使用するための権利をいいます。

取引例

借地権を 200 で取得した。

1 取得

〈会計仕訳〉

借　方		貸　方	
借地権 （B／S）	200	現金預金 （B／S）	200

取引例

上記の借地権を 220 で売却した。

2 売却

〈会計仕訳〉

借　方		貸　方	
現金預金 （B／S）	220	借地権 （B／S）	200
		借地権売却益 （正味・一般）	20

第5章　固定資産

> **コラム**
>
> **無形資産**
> 借地権等土地の上に存する権利の評価方法について、FAQ 問 X − 3 − ③では、以下のようにしています。
> 「借地権などの評価方法については、土地の評価方法と同様、不動産鑑定士の鑑定価額のほか、公正妥当と認められる税法上の評価方法による法人自らの算定価額などが考えられる。」

7 電話加入権

　電話加入権とは、第一種電気事業通信業者との加入電話契約を締結し、加入電話の施設を使用するための権利をいいます。なお、昨今の携帯電話の普及に伴って固定電話の加入件数が減少していることを反映し、電話加入権の時価が大きく下がっていることを受け、NTT 各社は平成17年3月より施設設置負担金を引き下げました。現段階において税法上評価損の損金算入は認められていませんが、法人の中には評価損計上を行う例も出ています。
　電話加入権の時価が、取得原価に比べ著しく下落した場合には減損処理を求められることもあるので留意が必要です。

取引例

電話加入権（10回線）を、36 で取得した。

1 取得

〈会計仕訳〉

借　方		貸　方	
電話加入権 （B／S）	36	現金預金 （B／S）	36

取引例

上記の電話加入権（10回線）を18で売却した。

2 売却

〈会計仕訳〉

借　方		貸　方	
現金預金 （B／S）	18	電話加入権 （B／S）	36
電話加入権売却損 （正味・一般）	18		

8 ソフトウェア

　ソフトウェアとは、コンピュータを機能させるように指令を組み合わせて表現したプログラム等です。公益法人会計基準の運用指針の勘定科目の例にはソフトウェアは挙げられていませんが、税法上ソフトウェアは償却資産とされていることに加え、企業会計では研究開発費会計において会計処理が明示されたことに伴い、一定の条件を満たすソフトウェアを資産計上されることが慣行となっています。

　ソフトウェアは、法人利用のソフトウェアと市場販売目的で制作されるソフトウェアに大別されます。法人利用のソフトウェアは、ソフトウェアを用いて外部へ業務処理等のサービスを提供する場合のソフトウェアと、法人内で利用されるソフトウェアに分類されます。

　法人利用のソフトウェアのうち、将来の収益獲得または費用削減が確実と認められるソフトウェアは資産価値が認められるものとして、「ソフトウェア」という名称でその他固定資産の部に計上されます。それ以外の将来の収益獲得または費用削減が確実であると認められない場合または不明の場合には、費用処理されることになります。

一方、市場販売目的のソフトウェアについては、製品マスターの製作仕掛品は、「ソフトウェア仮勘定」として、その他固定資産の部に計上されるが、最初に製品化された製品マスターの完成時点までに発生した費用は、研究開発費として処理されます。そして製品マスターの完成品については、「ソフトウェア」としてその他固定資産の部に計上されます。

　また、資産計上されたソフトウェアは、ソフトウェアの利用実態や性格に応じて最も合理的と考えられる方法により減価償却されることとなります。一般的に、法人利用のソフトウェアの場合は定額法により、市場販売目的のソフトウェアの場合は、見込販売数量に基づく方法や見込販売収益に基づく方法等により償却されます。なお、パソコン等の機器の取得時にインストールされているOS等のソフトウェアは、当該機器と一体のものとして、当該機器の耐用年数で償却計算されます。

取引例

　期首に法人内において利用する目的で、ソフトウェアを50で取得した。なお、ソフトウェアの利用により将来の費用削減が確実であると認められる。また、期末に耐用年数5年として定額法（税法基準）により減価償却された。

1 取得

〈会計仕訳〉

借　方		貸　方	
ソフトウェア （正味・一般）	50	現金預金 （B／S）	50

2 減価償却

〈会計仕訳〉

借　方		貸　方	
減価償却費 （正味・一般）	10	ソフトウェア （B／S）	10

9 敷金・保証金

　敷金とは、賃借人が賃料その他の賃貸契約上の債務を担保する目的で賃貸人に対して支払われるもの等で、契約満了時に原則として賃借人に返還されるものをいいます。

　また、保証金とは、業務遂行上取引先等へ契約の履行等を担保する目的により金銭を差し入れたもの等をいいます。

取引例：敷金として100を支払った。

1 差入れ

〈会計仕訳〉

借　方		貸　方	
敷金 （B／S）	100	現金預金 （B／S）	100

取引例 上記の差し入れていた敷金 100 が返還された。

2 返還

〈会計仕訳〉

借　方		貸　方	
現金預金（B／S）	100	敷金（B／S）	100

なお、保証金の処理についても一部償却の場合を除き、同様となります。

第6章

有価証券

1 有価証券の分類

1 保有目的による分類と表示

　有価証券の分類は、企業会計では、金融商品会計基準が適用され、その保有目的により、「売買目的有価証券」、「満期保有目的の債券」、「子会社株式及び関連会社株式」、「その他有価証券」の4つに区分されます。これに対して公益法人会計基準では、「売買目的有価証券」と「その他有価証券」は「満期保有目的の債券並びに子会社株式及び関連会社株式以外の有価証券」に該当するものとされます。

　有価証券の貸借対照表上の表示については、基本財産、特定資産に含まれるものであれば該当科目に表示し、それ以外のもので、売買目的有価証券や1年以内に満期の到来する社債その他の債券は、流動資産の有価証券、それ以外の有価証券については、その他固定資産の投資有価証券に区分表示されます。

2 満期保有目的の債券の意義

　満期保有目的の債券に分類されると時価評価の対象から外れるため、満期保有目的の債券と分類するには、一定の条件を満たす必要があります。すなわち、あらかじめ償還日が定められており、かつ、額面金額による償還が予定されていることと、債券を満期まで所有する意思をもって保有することが必要となります。

　なお、「満期まで所有する意思をもって保有する」とは、法人が償還期限まで所有するという積極的な意思とその能力に基づき保有することをいいます。保有期間が漠然と長期であると想定し保有期間をあらかじめ決めていない場合、または市場金利や為替相場の変動等の将来の不確定要因の発生いかんによっては売却が予測される場合には、満期まで所

有する意思があるとは認められません。また、満期までの資金計画等からみて、あるいは法律等の障害により継続的な保有が困難と判断される場合には、満期まで所有する能力があるとは認められません（実務指針Q 33）。

3 保有目的区分の変更

1．原則
　満期保有目的の債券について、満期まで保有する意思は取得時点において判断すべきものであり、一旦、他の保有目的で取得した債券について、その後保有目的を変更して満期保有目的の債券に振り替えることは認められません（実務指針Q 34）。

2．満期保有目的の債券に関する保有目的区分の変更
　一方、満期保有目的の債券に分類された債券につき、その一部を売買目的有価証券またはその他有価証券に振り替えたり、償還期限前に売却を行った場合には、満期保有目的の債券に分類された残りすべての債券について、保有目的の変更があったものとして売買目的有価証券またはその他有価証券に振り替えなければなりません。更に保有目的の変更を行った事業年度を含む二事業年度においては、取得した債券を満期保有目的の債券に分類することはできないものとされています。

　ただし、一部の債券について、以下のような状況が生じた場合または生ずると合理的に見込まれる場合には、当該債券を保有し続けることによる損失または不利益を回避するため、一部の満期保有目的の債券を他の保有目的区分に振り替えたり、償還期限前に売却しても、残りの満期保有目的の債券について、満期まで保有する意思を変更したものとはみなされず、これらの債券を売買目的有価証券またはその他有価証券へ振り替える必要はありません（金融商品会計実務指針第83項）。

(1) 債券の発行者の信用状態の著しい悪化

(2) 税法上の優遇措置の廃止
(3) 法令の改正または規制の廃止
(4) 監督官庁の規制・指導
(5) 自己資本比率等を算定する上で使用するリスクウェイトの変更
(6) その他、予期できなかった売却または保有目的の変更をせざるを得ない、保有者に起因しない事象の発生

また、次の状況において売却した場合には、売却価額が満期償還金額とほぼ同額となるため、満期の到来に基づく償還とすることができます（金融商品会計実務指針第282項）。

① 債券の売却が満期日に極めて近い時点で行われていること
② 割賦償還等により取得時の元本のうちの大部分が償還された銘柄について、残りの債券を売却すること

2 有価証券の評価

公益法人会計基準

第2 貸借対照表
　3 資産の貸借対照表価額
　(3) 満期まで所有する意思をもって保有する社債その他の債券（以下「満期保有目的の債券」という。）並びに子会社株式及び関連会社株式については、取得価額をもって貸借対照表価額とする。満期保有目的の債券並びに子会社株式及び関連会社株式以外の有価証券のうち市場価格のあるものについては、時価をもって貸借対照表価額とする。(注9)(注10)(注11)

有価証券の評価方法は、市場価格のあるものについては原則として時価評価されるが、満期保有目的の債券、子会社株式及び関連会社株式については、時価の変動による運用を保有の目的としないと考えられるため、取得原価により評価されます。

【有価証券の評価】

保有目的別種類			取得時	期末	時価の著しい下落時	
					回復可能性あり	左記以外
売買目的有価証券				時価	時価	
満期保有目的の債券	債券金額と取得価額に差額なし		取得原価	取得原価	同左	減損処理
	債券金額と取得価額に差額あり	差額の性格が金利の調整でない		取得原価	同左	
		差額の性格が金利の調整		償却原価	同左	
子会社株式及び関連会社株式			取得原価	取得原価	同左	減損処理
その他有価証券	市場価格あり		時価	時価	同左	減損処理
	市場価格なし		取得原価	取得原価	同左	

（注）時価の著しい下落については、第3章【2】**4**参照。

1 満期保有目的の債券

1．償却原価法

公益法人会計基準注解

（注9）満期保有目的の債券の評価について
　満期保有目的の債券を債券金額より低い価額又は高い価額で取得した場合において、取得価額と債券金額との差額の性格が金利の調整と認められるときは、償却原価法に基づいて算定された価額をもって貸借対照表価額としなければならない。

満期保有目的の債券については、取得時は取得価額で評価されますが、債券金額と購入金額との間に差額があり、その差額が金利の調整と認められる場合には、償却原価法により算出された額を貸借対照表価額とします。

償却原価法は、有価証券利息をその利息期間（受渡日から償還日まで）にわたって期間配分する方法であり、利息法と定額法の2つの方法があります。金融商品会計実務指針第70項では、「原則として利息法によるものとしますが、継続適用を条件として、簡便法である定額法を採用することができる」と規定しています。

ここで、「利息法とは、債券のクーポン受取総額と金利調整差額の合計額を債券の帳簿価額に対し一定率（以下、「実効利子率」という。）となるように、複利をもって各期の損益に配分する方法をいい、当該配分額とクーポン計上額（クーポンの現金受取額及びその既経過分の未収計上額の増減額の合計額）との差額を帳簿価額に加減する」方法であり、「定額法とは、債券の金利調整差額を取得日（または受渡日）から償還日までの期間で除して各期の損益に配分する方法をいい、当該配分額を帳簿価額に加減する」方法です。なお、実務上は、計算の簡便性から定額法により計算される法人がほとんどとなると思われるため、ここでは定額法の取引例を示します。

取引例

額面1,000の国債を、満期保有目的で期首に980で購入した。償還期限まで期首から2年である。契約利子率は5％、支払いは年1回3月31日である。取得原価と債券金額との差額の性格が金利の調整と認められるので、償却原価法（定額法）を適用する。

1 取得時仕訳

〈会計仕訳〉

借　方		貸　方	
投資有価証券 （B／S）	980	現金預金 （B／S）	980

2 当期末仕訳

〈会計仕訳〉

借　方		貸　方	
投資有価証券 現金預金 （B／S）	10 50	受取利息 （正味・一般）	60

償却原価法適用による評価増（1,000 − 980）× 1年／2年 = 10

3 翌期末仕訳

〈会計仕訳〉

借　方		貸　方	
投資有価証券 現金預金 （B／S）	10 50	受取利息 （正味・一般）	60

4 償還時仕訳

国債が満期を迎え、1,000で償還された。

〈会計仕訳〉

借　方		貸　方	
現金預金 （正味）	1,000	投資有価証券 （B／S）	1,000

　償却原価法の採用により、債券の帳簿価額は1,000となり、額面による償還を過不足なく会計処理できます。

2．償却原価法適用における重要性の原則

> **公益法人会計基準注解**
>
> **（注１）重要性の原則の適用について**
> (2) 取得価額と債券金額との差額について重要性が乏しい満期保有目的の債券については、償却原価法を適用しないことができる。

債券の取得価額と債券金額との差額に重要性が乏しいと判断された場合には、償却原価法を適用せずに取得原価のまま貸借対照表に計上することができます。

2 売買目的有価証券、その他有価証券

> **公益法人会計基準注解**
>
> **（注10）満期保有目的の債券並びに子会社株式及び関連会社株式以外の有価証券について**
> 満期保有目的の債券並びに子会社株式及び関連会社株式以外の有価証券のうち市場価格のあるものについては、時価評価に伴って生じる評価差額は、当期の正味財産増減額として処理するものとする。

満期保有目的の債券、子会社株式及び関連会社株式以外の有価証券で市場価格のあるものについては時価で評価されます。

取引例

市場価格のある投資有価証券（債券）を200で購入した（保有目的はその他有価証券）。期末の評価額（時価）は170だった。また、利息2を得た。その後、投資有価証券を250で売却した。

1 投資有価証券の購入

〈会計仕訳〉

借　方		貸　方	
投資有価証券 （B／S）	200	現金預金 （B／S）	200

2 投資有価証券の評価損

〈会計仕訳〉

借　方		貸　方	
投資有価証券評価損 （正味・一般）	30	投資有価証券 （B／S）	30

3 利息収入

〈会計仕訳〉

借　方		貸　方	
現金預金 （B／S）	2	受取利息 （正味・一般）	2

4 投資有価証券の売却

〈会計仕訳〉

借　方		貸　方	
現金預金 （B／S）	250	投資有価証券 （B／S）	170
		投資有価証券売却益 （正味・一般）	80

なお、投資有価証券（基本財産または特定資産の区分に記載されるものを含む）に係る評価損益及び売却損益については、評価損益等調整前当期経

第6章　有価証券

常増減額の下に投資有価証券評価損益等として表示します（公益法人会計基準注解(注16)）。

■3 子会社株式及び関連会社株式

「子会社株式及び関連会社株式」とは、当該公益法人の子会社及び関連会社に該当する会社の株式です。このうち子会社は、公益法人が営利企業の議決権の過半数を保有している場合の当該営利企業をいいます。また、関連会社は、公益法人が営利企業の議決権の20％以上50％以下を保有している場合の当該営利企業をいいます。

子会社株式及び関連会社株式については、取得原価で評価されます。なお、公益法人は、認定法第5条第15号により間接的に子会社の保有が禁じられているので留意が必要です。

3 正味財産の区分に応じた有価証券の評価差額の取扱い

公益法人会計基準注解

（注11）指定正味財産に区分される寄付によって受け入れた有価証券の会計処理について

指定正味財産に区分される寄付によって受け入れた有価証券を時価又は償却原価で評価する場合には、従前の帳簿価額との差額は、正味財産増減計算書上、指定正味財産増減の部に記載するものとする。

有価証券が一般正味財産である場合と指定正味財産である場合とでは、時価評価された場合や償却原価法を適用した場合の評価差額の取扱いが異なります。

◼ 1 指定正味財産に区分される寄付によって受け入れた基本財産としての満期保有目的の債券について償却原価法を適用する場合（実務指針Q35）

1．債券金額より低い価額で取得した場合

取引例

5年満期の新発債（金額1,000）を950で期首に購入した。その後、受取利息15を受け取り、期末に償却原価法を適用した。

1 利息の受取

〈会計仕訳〉

借　方	貸　方
現金預金　　　　　　　　　　15 （B／S）	基本財産運用益－基本財産受取利息　15 （正味・指定）

　利息について、指図の定めがあるため、一旦、指定正味財産として受け入れる。

2 受取利息の一般正味財産への振替え

〈会計仕訳〉

借　方	貸　方
一般正味財産への振替額　　　15 （正味・指定）	基本財産運用益－基本財産受取利息　15 （正味・一般）

　収受した利息を指図の定めに従って費消するため、一般正味財産へ振替える。

3 償却原価法の適用

〈会計仕訳〉

借　方		貸　方	
基本財産－投資有価証券 （B／S）	10	基本財産運用益－基本財産受取利息 （正味・指定）	10

(1,000－950)÷5年＝10

2．債券金額より高い価額で取得した場合

取引例

5年満期の新発債（金額1,000）を1,050で期首に購入した。その後、受取利息35を受け取り、期末に償却原価法を適用した。

1 利息の受取

〈会計仕訳〉

借　方		貸　方	
現金預金 （B／S）	35	基本財産運用益－基本財産受取利息 （正味・指定）	35

利息について、指図の定めがあるため、一旦、指定正味財産として受け入れる。

2 受取利息の一般正味財産への振替え

〈会計仕訳〉

借　方		貸　方	
一般正味財産への振替額 （正味・指定）	35	基本財産運用益－基本財産受取利息 （正味・一般）	35

受取った利息を指図の定めに従って費消するため、一般正味財産へ振替える。

3 償却原価法の適用

〈会計仕訳〉

借　方		貸　方	
基本財産運用益－基本財産受取利息 （正味・指定）	10	基本財産－投資有価証券 （B／S）	10

（1,000－1,050）÷ 5 年＝△10

2 一般正味財産から充当された基本財産としての満期保有目的の債券について償却原価法を適用する場合

1. 債券金額より低い価額で取得した場合

取引例

5年満期の新発債（金額1,000）を950で期首に購入した。その後、受取利息15を受け取り、期末に償却原価法を適用した。

1 利息の受取

〈会計仕訳〉

借　方		貸　方	
現金預金 （B／S）	15	基本財産運用益－基本財産受取利息 （正味・一般）	15

2 償却原価法の適用

〈会計仕訳〉

借　方		貸　方	
基本財産－投資有価証券 （B／S）	10	基本財産運用益－基本財産受取利息 （正味・一般）	10

（1,000－950）÷ 5 年＝ 10

2．債券金額より高い価額で取得した場合

取引例

5年満期の新発債（金額1,000）を1,050で期首に購入した。その後、受取利息35を受け取り、期末に償却原価法を適用した。

1 利息の受取

〈会計仕訳〉

借　方	貸　方
現金預金　　　　　　　　　　35 （B／S）	基本財産運用益－基本財産受取利息　35 （正味・一般）

2 償却原価法の適用

〈会計仕訳〉

借　方	貸　方
基本財産運用益－基本財産受取利息　10 （正味・一般）	基本財産－投資有価証券　　　　10 （B／S）

（1,000－1,050）÷5年＝△10

なお、受取利息の計上科目は、次のように貸借対照表の科目に応じて変わることになります。

有価証券のB／S上の計上科目	受取利息の正味財産増減計算書上の科目名
基本財産	基本財産運用益－基本財産受取利息
特定資産	特定資産運用益－特定資産受取利息
投資有価証券	雑収益－受取利息
有価証券	

4 外貨建有価証券の処理

公益法人会計基準注解

(注8) 外貨建の資産及び負債の決算時における換算について

　外国通貨、外貨建金銭債権債務（外貨預金を含む。）及び外貨建有価証券等については、子会社株式及び関連会社株式を除き、決算時の為替相場による円換算額を付すものとする。

　決算時における換算によって生じた換算差額は、原則として、当期の為替差損益として処理する。

　外貨建有価証券は、子会社株式及び関連会社株式を除き、決算時の為替相場による円換算額を付し、決算時における換算によって生じた換算差額は、原則として、当期の為替差損益として処理することとなりますが、決算時の主な処理は次のようになります（実務指針Q 41）。

保有目的別種類		取得時	期末	時価の著しい下落時	
				回復可能性あり	左記以外
売買目的有価証券		外貨建時価×取得時為替相場	外貨建時価×決算時為替相場		
満期保有目的の債券	債券金額と取得価額に差額なし	外貨建取得原価×取得時為替相場	外貨建取得原価×決算時為替相場	同左	減損処理：外貨建実質価額×決算時為替相場
	債券金額と取得価額に差額あり		外貨建取得原価×決算時為替相場 当期償却額：外貨建償却額×期中平均相場	同左	
子会社株式及び関連会社株式		外貨建取得原価×取得時為替相場	外貨建取得原価×取得時為替相場	同左	減損処理：外貨建実質価額×決算時為替相場
その他有価証券	市場価格あり	外貨建時価×取得時為替相場	外貨建時価×決算時為替相場	同左	減損処理：外貨建時価×決算時為替相場
	市場価格なし	外貨建取得原価×取得時為替相場	外貨建取得原価×決算時為替相場	同左	減損処理：外貨建実質価額×決算時為替相場

また、決算時における換算によって生じた換算差額は、原則として、当期の為替差損益として処理することになっていますが、公益法人が所有する外貨建有価証券に係る換算差額は評価損益に含めて処理することができます。外貨建有価証券を一般正味財産として保有する場合と指定正味財産として保有する場合の、換算差額の正味財産増減計算書上の表示位置は、それぞれ以下のようになります（実務指針Q 41）。

外貨建有価証券の財源の区分	評価方法	正味財産増減計算書上の表示
一般正味財産	時価法	経常増減の部
	原価法 （時価の著しい下落時の評価損）	経常外増減の部
指定正味財産	時価法	指定正味財産増減の部
	原価法 （時価の著しい下落時の評価損）	一般正味財産増減の部

第7章

負 債

1 流動負債の範囲

　流動負債とは、法人の事業取引等によって生じた支払手形、未払金、前受金等の債務で貸借対照表日後1年以内に支払または解消されると認められるもの及び引当金のうち、賞与引当金のように、通常1年以内に支出される見込みのものをいいます。

2 流動負債の個別内容

1 支払手形

1．意義

　支払手形とは、物品等の購入等の代金決済のために振り出した手形上の債務をいいます。

2．会計処理

取引例　備品を手形により30で購入し、その翌月に決済した。

1 購入時

〈会計仕訳〉

借　方		貸　方	
什器備品 （B／S）	30	設備支払手形 （B／S）	30

2 決済時

〈会計仕訳〉

借　方		貸　方	
設備支払手形 （B／S）	30	現金預金 （B／S）	30

■2 未払金

1．意義

　未払金とは、事業費や管理費の通常取引に関連して発生し、取引発生後短期に支払われるもの及び固定資産の購入その他通常の取引以外の取引により発生する未払額で1年以内に支払われるものをいいます。また、未払金は取引先からの役務の提供が完了している確定債務を処理する勘定科目なので、継続的な役務提供契約に基づいて貸借対照表日までに提供された役務を処理する未払費用勘定とは区別することが必要です。

2．会計処理

取引例　期末に事業費の未払い4を計上し、翌月預金で決済した。

1 未払計上時

〈会計仕訳〉

借　方		貸　方	
事業費 （正味・一般）	4	未払金 （B／S）	4

2 決済時

〈会計仕訳〉

借　方		貸　方	
未払金 （B／S）	4	現金預金 （B／S）	4

3 未払費用

1．意義

　未払費用とは、継続的契約があって、支払期限がまだ到来していないため確定債務とはなっていませんが、期間の経過とともに費用として発生しているものは、適正な期間損益計算の立場から当事業年度の費用として計上する場合の相手勘定です。

　実務において未払費用として計上するものとしては、給料、社会保険料、支払利息、賃借料等があります。

2．会計処理

取引例

　3月末の決算に際し、翌事業年度6月末に支払う半年分の利息60のうち、当事業年度分30を計上した。

■3月末決算時

〈会計仕訳〉

借　方		貸　方	
支払利息 （正味・一般）	30	未払費用 （B／S）	30

4 前受金

1．意義

前受金とは、対価となる財やサービスの提供前に受け取る金銭であり、会員から翌期分の会費を受け取った場合や、事業の代金や備品等の売却代金を先に受け取った場合の受取額をいいます。

2．会計処理

取引例

受け取った会費のうち、翌年度分14を振り替えた。

1 翌年度分の振替え時

〈会計仕訳〉

借　方		貸　方	
受取会費 （正味・一般）	14	前受金 （B／S）	14

2 翌年度の振替え時

〈会計仕訳〉

借　方		貸　方	
前受金 （B／S）	14	受取会費 （正味・一般）	14

5 預り金

1．意義

預り金とは、役員、職員、取引先等から一旦金銭等を受け入れ、後日その者または第三者に返還すべきものを処理する勘定科目です。預り金には、源泉所得税や社会保険料等税務署等に納付するために給料等から差し引いて預かるものや、入札保証金の預り金等の取引に関連して預かるものがあります。

2．会計処理

取引例

給与の支払い時に源泉所得税2を預り、翌月納付した。

1 預り時

〈会計仕訳〉

借　方		貸　方	
給料手当 （正味・一般）	2	預り金 （B／S）	2

2 支払時

〈会計仕訳〉

借　方		貸　方	
預り金 （B／S）	2	現金預金 （B／S）	2

3．預り補助金

　国等からの補助金等があった場合、当該補助金等の取引に関して補助金等の目的たる支出が行われるのではなく、単に補助金等を第三者へ交付する義務を負担する場合には、当該補助金等は負債である預り補助金等として処理することとなります。

6 短期借入金

1．意義

　短期借入金とは、貸借対照表日後1年以内に返済期限が到来する借入金を処理する勘定科目をいいます。一年内返済予定長期借入金については、「長期借入金」を参照ください。

2．会計処理

取引例

銀行より期間3か月で1,000の借入れを行い、その後返済した。

1 借入時

〈会計仕訳〉

借　方		貸　方	
現金預金 （B／S）	1,000	短期借入金 （B／S）	1,000

2 返済時

〈会計仕訳〉

借　方		貸　方	
短期借入金 （B／S）	1,000	現金預金 （B／S）	1,000

7 賞与引当金

　賞与引当金とは、法人と職員との雇用関係に基づき、毎月の給料の他に賞与を支給する場合において、翌期に支給する職員の賞与のうち、支給対象期間が当期に帰属する支給見込額について設けられる引当金をいいます。賞与は支払いの時期や支給対象期間が規程や労使協定に定められているか、慣行等によって決まっていることが多く、賞与は労働提供の対価として通常一定期間にわたってその期間の経過とともに発生する費用と考えるのが合理的です。したがって、実際の賞与の支給が翌事業年度であっても、当事業年度の負担に属する金額を見積計算し、当事業年度の費用として引当計上しておくことが必要です。

　また、支給時期、支給対象期間、支給金額等が未確定であっても条件付債務[※]に該当する賞与引当金については、適正な期間損益計算の要請

から計上する必要があります。

> ※条件付債務：ある一定の条件の成就により確定債務となるもので、かかる条件の成就が確実であるもの。

なお、職員等に対する賞与の未払計上である場合、①賞与支給額の確定の有無や②賞与支給額が支給対象期間に対応して算定されているか否かによって、以下のように負債側の会計処理が異なります。

【賞与支給額の確定の有無】

確定※1	賞与支給額が支給対象期間に対応して算定されているか否か	支給対象期間に対応して算定	未払費用
		支給対象期間以外の基準に基づいて算定※2	未払金
未確定	賞与引当金※3		

※1 個々の職員への賞与支給額が確定している場合のほか、例えば、賞与の支給率、支給月数、支給総額が確定している場合等が含まれます。
※2 例えば、成功報酬的の賞与等があります。
※3 支給見込額のうち当期に帰属する額を賞与引当金とします。

8 その他の引当金

1．概要

企業会計においては、企業会計原則注解(注18)に基づき以下の要件をすべて満たす場合には引当金を計上します。

① 将来の特定の費用または損失であること
② その発生が当期以前の事象に起因すること
③ 発生の可能性が高いこと
④ 金額を合理的に見積もることができること

2．会計処理

企業会計における引当金の例としては、製品保証引当金、賞与引当金、

役員退職慰労引当金、修繕引当金、特別修繕引当金、債務保証損失引当金、損害補償損失引当金、貸倒引当金等が挙げられます。

そして公益法人においても、企業会計と同様、上記の要件を満たす場合には引当金を計上するものと考えられます。

3 固定負債の範囲

固定負債とは、法人の事業取引等によって発生した債務で貸借対照表日後1年を超えて支払または返済されると認められるもの及び引当金のうち、退職給付引当金、特別修繕引当金のように、通常1年を超えて支出（使用）される見込みのものをいいます。

4 固定負債の個別内容

1 長期借入金

1．意義

長期借入金とは、返済期限が1年を超える借入金を処理する勘定科目をいいます。

2．会計処理

> **取引例**
>
> 銀行より期間5年で5,000の借入れを行った。年度末に1年目の返済1,000を行った。また、翌年度も、1,000を返済する予定である。

1 借入時

〈会計仕訳〉

借　方		貸　方	
現金預金 （B／S）	5,000	長期借入金 （B／S）	5,000

2 返済時

借　方		貸　方	
長期借入金 （B／S）	1,000	現金預金 （B／S）	1,000

3 翌年の返済予定額1,000を1年内返済予定長期借入金に振り替える

借　方		貸　方	
長期借入金 （B／S・固定）	1,000	１年内返済予定長期借入金 （B／S・流動）	1,000

2 受入保証金

1．意義

　受入保証金とは、契約期間の完全履行を保証するために取引先等から受け取る金銭を処理する勘定科目です。

2．会計処理

取引例

取引先から80の保証金を受け入れ、その後契約満了に伴い返金した。

1 受入時

〈会計仕訳〉

借　方		貸　方	
現金預金 （B／S）	80	受入保証金 （B／S）	80

2 返金時

〈会計仕訳〉

借　方		貸　方	
受入保証金 （B／S）	80	現金預金 （B／S）	80

3 退職給付引当金

1．意義

　退職給付引当金とは、「退職給付会計基準」に基づき計算された引当金の額を、退職給付に係る負債として計上した場合の科目です。

　退職給付とは、一定の期間にわたり労働を提供したこと等の事由に基づいて、退職日以降に職員等に支給される退職一時金や退職年金等をいいます。退職給付会計基準は、異なる退職給付の支給方法（一時金支給、年金支給）や退職給付の積立方法（内部引当、外部積立）を統一的な会計処理で行うことで、より適正な期間損益計算と財政状態の適正表示に資することとなり、以下のような特徴があります。

(1) 退職給付に関しての包括的な基準

　採用している積立方法（内部引当、外部積立）や支給方法（一時金支給、年金支給）にかかわらず、退職給付に関する資産、負債及び費用、収益等を統一的に把握認識し、同一の会計処理を行う退職給付に関しての包括的な会計基準です。

(2) 時価会計の採用

　将来支払うべき退職給付を現在価値に割り引くことで、退職給付引当金を計算します。年金資産は原則として退職給付債務の控除項目であり、その評価は期末の公正な評価額である時価で行います。

(3) 法人運営へ大きな影響を及ぼす可能性

　退職給付会計基準によって多額の積立不足等の隠れ債務が顕在化して、法人の財政状態や運営状況を悪化させるといった影響を及ぼす可能性があります。

２．公益法人への導入

　公益法人会計基準の運用指針「12．財務諸表の科目」の中で、退職給付引当金を「退職給付に係る見積債務額から年金資産額等を控除したもの」としていることから企業会計と同様、退職給付会計を採用していることがわかります。

　また、退職給付会計基準は平成24年に「退職給付に関する会計基準」として改正されましたが、27年度報告において公益法人にも適用されることが明確化されました。

３．退職給付引当金の計算方法

　計算の順序は、以下のとおりです。

(1) 退職給付債務の計算
(2) 年金資産の評価額の計算
(3) 退職給付費用の算定
(4) 退職給付引当金の計算

　以下、(1)から順に述べていきます。

(1) 退職給付債務の計算

　退職給付債務とは、一定の期間にわたり労働を提供したこと等の事由に基づいて、退職以後に従業員に支給される給付（以下「退職給付」）のうち認識時点までに発生していると認められるものをいいます。

　この退職給付債務は、退職時に見込まれる退職給付の総額（以下「退職給付見込額」）のうち、期末までに発生していると認められる額を一定の割引率及び予想される退職時から現在までの期間（以下「残存勤務期間」）に基づき、割り引いて計算します。

【退職給付債務のイメージ】

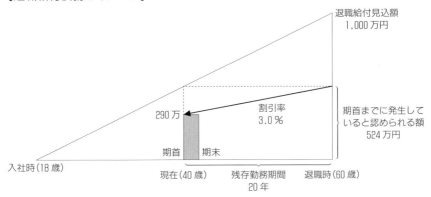

(2) 年金資産の評価額の計算

　年金資産とは、企業年金制度に基づき退職給付に充てるため積み立てられる資産をいい、退職給付引当金の計算上、(1)の退職給付債務から差し引かれるものです。年金資産の評価額は期末における公正な評価額（時価）で計算します。

(3) 退職給付費用の算定

　退職給付費用の構成要素は、以下のようになります。

　① 勤務費用

　　勤務費用とは、一期間の労働の対価として発生したと認められる退職給付をいい、割引計算により測定されます。

　② 利息費用

　　利息費用とは、割引計算により算定された期首時点における退職給付債務について、期末までの時の経過により発生する計算上の利息をいいます。

　③ 期待運用収益

　　期待運用収益とは企業年金制度における年金資産の運用により生じると期待される収益で、退職給付費用の計算において控除される額を

いいます。
④ 過去勤務債務の償却額

　退職給付の給付水準の改定等により従前の給付水準に基づく計算との差異として発生する過去勤務債務のうち、費用として処理した額をいいます。過去勤務債務は原則として平均残存勤務期間以内の一定の年数で按分した額を毎年度費用処理する必要があります。

⑤ 数理計算上の差異の償却額

　年金資産の期待運用収益と実際の運用成果との差異、退職給付債務の数理計算に用いた見積数値と実績との差異及び見積数値の変更等により発生した差異のうち、費用として処理した額をいいます。数理計算上の差異は、過去勤務債務と同様に平均残存勤務期間以内の一定の年数で按分した額を毎年度費用処理する必要があり、費用処理していないものを未認識数理計算上の差異といいます。

(4) 退職給付引当金の計算

　退職給付引当金は、退職給付債務に未認識数理計算上の差異、未認識過去勤務債務及び未認識会計基準変更時差異を加減した額から年金資産の額を控除して計算します。これを図により示すと以下のようになります。

年金資産（時価）	退職給付債務
未認識数理計算上の差異	
未認識過去勤務債務	
未認識会計基準変更時差異	
（差引）退職給付引当金	

４．簡便法の適用について

　退職給付会計の適用にあたっては会計処理に伴う事務負担を考慮して、簡便法が認められています。退職給付会計の適用にあたり、退職給付の

対象となる職員数が300人未満の公益法人のほか、職員数が300人以上であっても、年齢や勤務期間に偏りがある等により数理計算結果に一定の高い水準の信頼性が得られない公益法人や原則的な方法により算定した場合の額と期末要支給額との差異に重要性が乏しいと考えられる公益法人においては、退職一時金に係る債務について期末要支給額により算定することができます（運用指針5.）。

5．簡便法による会計処理及び注記の記載例

取引例

退職給付会計において、退職一時金を期末要支給額により算定することができる場合

前提条件
① 自己都合期末要支給額　前期末 150　当期末 200
② 期首時点における退職給付引当金残高　150
③ 退職一時金制度における退職金支給額　10
④ 退職給付費用
　　当期　60※
　　※　60＝200－（150－10）

1 退職金支給時の仕訳

〈会計仕訳〉

借　方	貸　方
退職給付引当金　　　　10 （B／S）	現金預金　　　　　　10 （B／S）

2 退職給付費用計上時（期末）の仕訳

〈会計仕訳〉

借　方	貸　方
退職給付費用　　　　60 （正味・一般）	退職給付引当金　　　60 （B／S）

【注記例】

1．重要な会計方針
　(4) 引当金の計上基準
　　　・退職給付引当金
　　　　従業員の退職給付に備えるため、当期末における退職給付債務に基づき、当期末において発生していると認められる額を計上している。
　　　　なお、退職給付債務は期末自己都合要支給額に基づいて計算している。

　　　　　　　　　．
　　　　　　　　．
　　　　　　　．

取引例

確定給付型の企業年金制度のみのケースで簡便法により算定できる場合
前提条件
　確定給付型の企業年金制度に関して、簡便法のうち「年金受給者及び待機者については年金財政計算上の責任準備金の額をもって退職給付債務とする方法」の場合
① 期首時点における退職給付引当金残高　150
② 企業年金制度における年金財政計算上の責任準備金
　　前期末　500　　当期末　600
③ 企業年金制度における年金資産の公正な評価額
　　前期末　350　　当期末　429
④ 企業年金制度における掛金拠出額
　　当　期　70
⑤ 企業年金制度における年金資産の運用益
　　当　期　9（＝429－350－70）

⑥ 退職給付費用

当期 91※　　※ 91＝600－500－9

1 掛金拠出時の仕訳

〈会計仕訳〉

借　方		貸　方	
退職給付引当金 （B／S）	70	現金預金 （B／S）	70

2 退職給付費用計上時（期末）の仕訳

〈会計仕訳〉

借　方		貸　方	
退職給付費用 （正味・一般）	91	退職給付引当金 （B／S）	91

6．確定拠出型の企業年金制度等について

　中小企業退職金共済制度や確定拠出型の企業年金制度は、将来の退職給付について拠出以後に追加的な負担が生じない外部拠出型の制度です。ここでの、確定拠出型の企業年金制度とは、掛金額が法人及び制度に加入する従業員から拠出され、加入者ごとに設定された個人勘定へ割り当てられる掛金及び運用収入によって給付額が事後的に決まる制度をいいます。この場合の会計処理は、基本的には、当該制度に基づく要拠出額をもって費用処理し、退職給付引当金は計上しません。

　ただし、中小企業退職金共済制度に加入している場合であっても、確定給付型の退職金制度を設けている場合には、退職給付引当金の計上が必要となります。

4 役員退職慰労引当金

1．役員退職慰労引当金の内容

　役員退職慰労引当金は、役員が退任に際し、法人から在任期間中の職務執行に対する対価として受け取る一時金の慣行があり、その支給額が内規等により、適切に見積もることができる場合における期末時の役員退職慰労金見積額をいいます。

　企業会計実務においては役員退職慰労引当金を計上することが一般化し定着しています。そのため、公益法人会計においても効率性の的確な把握を行うために、支給が内規等に基づいて算定され、発生の可能性が高く、金額を合理的に見積もることができる場合には、当期に属する見積額を当期の費用として引当計上する必要があります。

2．会計処理

(1) 引当金計上時の仕訳

　決算時に役員に対する退職慰労金の当期の見積額 5,000 を引当計上します。

〈会計仕訳〉

借　方		貸　方	
役員退職慰労引当金繰入額 （正味・一般）	5,000	役員退職慰労引当金 （B／S）	5,000

(2) 支給時の仕訳

　役員の退任に伴い役員退職慰労金 15,000 を支給します。なお、当該役員の役員退職慰労引当金は、12,000 です。

〈会計仕訳〉

借　方		貸　方	
役員退職慰労引当金 （B／S）	12,000	現金預金 （B／S）	15,000
役員退職慰労金 （正味・一般）	3,000		

役員退職慰労引当金の計上基準は、重要な会計方針として財務諸表に注記する必要があります。注記例を示すと次のとおりです。

【注記例】

> 1．重要な会計方針
>   (4) 引当金の計上基準
>   ・役員退職慰労引当金
>   　役員の退職慰労金の支給に備えるため、内規に基づく期末要支給額を計上している。

5 資産除去債務

1．意義

　資産除去債務とは、有形固定資産の取得、建設、開発または通常の使用によって生じ、当該有形固定資産の除去に関して法令または契約で要求される法律上の義務及びそれらに準ずるものをいいます。この場合の法律上の義務及びそれに準ずるものには、有形固定資産を除去する義務のほか、有形固定資産の除去そのものは義務でなくとも、有形固定資産を除去する際に当該有形固定資産に使用されている有害物質等を法律等の要求による特別の方法で除去するという義務も含まれます。

2．公益法人への導入

　企業会計基準委員会より資産除去債務会計基準が公表され、一般の事業会社においては平成22年4月1日以後開始する事業年度より原則適用することとなりました。

　27年度報告が公表され、公益法人にも適用されるべき会計基準とされました。

3．資産除去債務の対象範囲

　資産除去債務とは、契約に基づく建造物の解体や修繕等の原状回復義

務や、法令に基づくアスベストの除去義務等、有形固定資産の取得、建設、開発または通常の使用によって生じ、当該資産を除去する際に、法令や契約により求められる法律上の義務（それに準ずるものを含む）とされています。

「契約に基づく建造物の解体」の具体例としては、借地借家法に基づく定期借地権があります。定期借地権は、当初定められた契約期間で借地関係が終了し、その後の契約の更新はなく、借地契約期間終了後、借地契約の当初に遡って土地を返還する義務があり、建物及びそれ以外の物すべてを撤去して、更地で土地を返す必要があります。土地を更地に戻すための固定資産の撤去費用が資産除去債務の対象となります。

「修繕等の原状回復義務」の具体例としては、賃借建物に係る造作に対する原状回復義務が想定されます。建物の賃貸借契約を締結した場合、建物への造作に対し原状回復義務が課されている場合が多く見受けられます。賃貸借契約終了時の契約に基づく原状回復義務履行に際して支出される固定資産の撤去費用が資産除去債務の対象となります。

「法令に基づくアスベストの除去義務など」とは、労働安全衛生法に基づく「石綿障害予防規則」、大気汚染防止法、廃棄物処理法等の法律に基づいて建物の撤去・解体の際に要請される義務の履行に際して支出される費用が資産除去債務の対象となります。

資産除去債務は、有形固定資産の除去に関して法令または契約で要求される法律上の義務及びそれらに準ずるものです。そのため、有形固定資産の除去が公益法人の自発的な計画によって行われる場合には、法律上の義務には該当せず、資産除去債務の対象とはなりません。

４．資産除去債務の計算方法

資産除去債務は、有形固定資産の取得に際して除去に要する費用（割引前の将来キャッシュ・フロー）を見積もり、割引率を算定し、割引計算を行うことにより資産除去債務の発生時での割引現在価値を算定します。

【資産除去債務の計算イメージ】

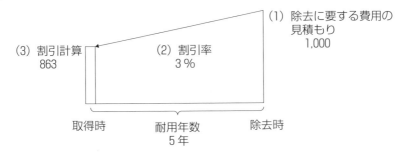

(1) 除去に要する費用（割引前の将来キャッシュ・フロー）の見積もり

　割引前の将来キャッシュ・フローは、有形固定資産の除去に係る作業のために直接要する支出のほか、処分に至るまでの支出（保管や管理のための支出等）も含まれ、合理的で説明可能な仮定及び予測に基づく自己の支出見積もりによる。具体的には、下記のような情報を基礎として見積もります。

① 対象となる有形固定資産の除去に必要な平均的な処理作業に対する価格の見積もり

② 対象となる有形固定資産を取得した際に、取引価額から控除された当該資産に係る除去費用の算定の基礎となった数値

③ 過去において類似の資産について発生した除去費用の実績

④ 当該有形固定資産への投資の意思決定を行う際に見積もられた除去費用

⑤ 有形固定資産の除去に係る用益（除去サービス）を行う業者等第三者からの情報

　これらを基に見積もられた金額にインフレ率や見積もり値から乖離するリスクを勘案し、また、合理的で説明可能な仮定及び予測に基づき、技術革新等の影響額を見積もることができる場合にはこれを反映させます。なお、多数の有形固定資産について同種の資産除去債務が生じてい

る場合には、個々の資産に係る重要性の判断に基づき、種類別や場所別等に集約し、概括的に見積もることができます。

(2) 割引率

割引率は、貨幣の時間価値を反映した無リスクの税引前の利率を使用します。

(3) 割引計算

上記(1)で要する除去費用は割引前の将来の支出であるため、それを上記(2)で算出した割引率により割引計算を行い当該決算期の現在価値を算出し負債計上を行います。

5．資産除去債務の会計処理

会計処理は、将来の支出として見積もられる額を貸借対照表日時点に割引計算した額を資産除去債務として負債に計上するとともに、同額を固定資産の取得原価として資産に計上する会計処理を行います。

有形固定資産の取得に伴い将来発生すると見積もられる除去費用に対して割引計算を行うことにより負債として時価評価を行い未払の債務として認識するとともに、固定資産の取得原価を引き上げることによって、回収すべき固定資産への投資額を引き上げます。

固定資産に計上された金額については、毎期、減価償却費を計上することにより将来の除去費用が固定資産の取得期間にわたり費用配分が行われます。

負債に計上された資産除去債務については毎期利息を計上することにより、固定資産の処分時には負債に計上された資産除去債務の金額と除去費用が同額になることが想定されます。

【会計処理のイメージ】

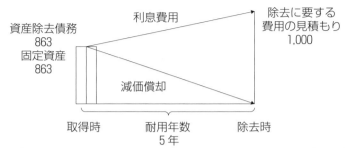

※固定資産は毎期減価償却費として固定資産の取得価額を減額し、資産除去債務は毎期利息費用として計上することにより負債の額を増額させます。非資金損益取引である減価償却費と利息費用の計上により、固定資産除去時に、除去費用見込額（1,000）が団体内部に留保されることになります。

資産除去債務について、合理的な見積もりができない場合、資産除去債務を計上せず、当該債務を合理的に見積もることができる時点で負債として計上します。合理的な見積もりができない場合とは、資産除去債務の履行時期を予測することができない場合があります。資産除去債務に合理的な見積もりができない場合には、資産除去債務の計上は行いませんが、その旨の注記は求められます。

【注記例】

> 当社は、本部オフィスの不動産賃借契約に基づき、オフィスの退去時における原状回復に係る債務を有しているが、当該債務に関連する賃借資産の使用期間が明確でなく、将来、本部を移転する予定もないことから、資産除去債務を合理的に見積もることができない。そのため、当該資産に見合う資産除去債務を計上していない。

なお、公益法人において、寄付者等の指定の解除がいつになるか不明であることをもって資産除去債務を見積もれない理由とはならないことに留意する必要があります。

固定資産の除去及び資産除去債務の履行時には、固定資産の除却の処理とともに、資産除去債務を取り崩し、実際の資産除去債務費用との差額は当該期の損益として認識します。

6．会計処理

取引例

有形固定資産の取得価額：10,000（耐用年数は5年：定額法）
資産除去費用見込額：1,000
割引率：3%

1 固定資産取得の仕訳

〈会計仕訳〉

借　方		貸　方	
固定資産 （B／S）	10,000	現金預金 （B／S）	10,000

2 資産除去債務の計上

〈会計処理〉

借　方		貸　方	
固定資産 （B／S）	863	資産除去債務 （B／S）	863

※資産除去費用見込み額 = $1,000 / (1.03)^5$

3 減価償却費の計上（初年度）

〈会計処理〉

借　方		貸　方	
費用（減価償却費） （正味・一般）	2,173	固定資産 （B／S）	2,173

※ （10,000 + 863）÷ 5 = 2,173

4 利息費用の計上（初年度）

〈会計処理〉

借　方		貸　方	
費用（利息費用） （正味・一般）	26	資産除去債務 （B／S）	26

※期首資産除去債務 863 × 3% ＝ 26

5 有形固定資産除却時

〈会計処理〉

借　方		貸　方	
資産除去債務 （B／S）	1,000	現金預金 （B／S）	1,050
費用（履行差額） （正味・一般）	50		

※資産除去債務の金額との差額は損益として処理する。

7．敷金に係る簡便な会計処理

　建物等の賃借契約において、賃借建物に対して造作を施すことにより生じた固定資産に対して原状回復義務が契約で課されている場合には、資産除去債務を計上しなければならない場合があります。

　この場合、当該賃借契約について敷金が計上されている場合には、資産除去債務の負債計上にかえて、当該敷金の回収が見込めないと見積もられる金額を合理的に見積もり、そのうち当期の負担に属する金額を費用に計上する方法によることができます。

取引例

建物の賃貸借契約を締結し、敷金 1,000 を支払った。

〈会計処理〉

借　方	貸　方
敷金　　　　　　　　　　1,000 （B／S）	現金預金　　　　　　　　1,000 （B／S）

※原状回復費用が500と見積もられ、当該建物の平均入居期間は10年であると判断された。

〈会計処理〉

借　方	貸　方
費用(敷金の償却)　　　　　50 （B／S）	敷金　　　　　　　　　　　50 （B／S）

※原状回復費用 500 ÷ 10 年 = 50

8．見積もりの変更

　将来の資産除去債務の支出額の見積もり金額に変更が生じた場合、当該変更による差額を資産除去債務及び固定資産の帳簿価額に加減し、減価償却費を通じて将来に向かって修正することとされています。

　なお、資産除去債務及び固定資産を増額させる場合の割引率は、新たな債務の発生としてその時点の割引率を適用しますが資産除去債務及び固定資産を減額させる場合には過去に計上した際の割引率を用います。

9．適用初年度の取扱い

　資産除去債務の適用初年度においては、①適用初年度において新たに負債として計上される資産除去債務の金額は、時の経過により当初発生時よりも増加し、②資産に追加計上される固定資産（除去費用）の金額は、過年度の減価償却費相当額より減少します。

　この①と②の差額については、適用初年度の損失として一時に計上します。

【適用初年度のイメージ】

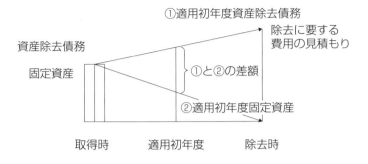

第8章

正味財産

1 正味財産の概念

正味財産とは、資産総額から負債総額を差し引いたものであり、法人の純資産額です。企業と異なり公益法人には資本の概念がないため、企業会計の純資産の部にあたる部分は「資産マイナス負債」すなわち法人が有する正味財産という位置づけでしかありません。

2 指定正味財産と一般正味財産の区分

1 受託責任の明確化

基金（法人法第131条に定める「基金」）を除く正味財産は、大きく指定正味財産・一般正味財産に2分化されています。

すなわち、貸借対照表の正味財産の部について、寄付者等から受け入れた財産に対する法人の受託責任を明確化するため、寄付者等の意思によって特定の目的に使途が制限されている寄付を受け入れた部分を「指定正味財産」として表示し、指定正味財産以外の正味財産は「一般正味財産」として表示することとされています。

2 一般正味財産と指定正味財産の区分の意義

指定正味財産について一般正味財産と区別し、その内容を記載した意図は、補助金の提供者や使途を制約している寄付者から受け入れた財産に対する法人の受託責任を明確化するためです。すなわち、公益法人はその性格上、様々な趣旨の補助金や使途の制約された寄付金を受け取ることが想定されます。補助金や使途の制約された寄付金は、提供者が公益法人の業務の実施を財産的に支援する目的で提供するものであるので、

計画的に使用・支出することが期待されます。したがって、公益法人が通常はこれを何らかの特定の業務のために使用・支出に計画的に充てていかなければならないという責務を負っているものと考えられます。このため、受領した補助金や使途の制約された寄付金は、原則として正味財産増減計算書の指定正味財産増減の部に記載し、期末に残高があるものについては、貸借対照表上の指定正味財産の区分に記載することで、その受託責任の履行に資することになります。正味財産の表示方法は、巻末資料1の様式を参照ください。

3 指定正味財産

1 指定正味財産の内容

指定正味財産とは、寄付等によって受け入れた資産で、寄付者等の意思により当該資産の使途、処分または保有形態について制約が課されている財産額です（公益法人会計基準の運用指針7、公益法人会計基準注解6、実務指針Q13）。

例えば、寄付者等から公益法人の基本財産として保有することを指定された土地、寄付等から奨学金給付事業のための積立資産として、当該法人が元本を維持することを指定された金銭等が指定正味財産として計上されることとなります。また、寄付者等には、補助金や負担金等を交付する国や地方公共団体あるいは民間法人等が含まれるため、補助金や負担金等についても寄付金と同様に指定正味財産として計上されます。

2 指定正味財産の範囲

指定正味財産の指定の内容には、寄付者等の意思により当該資産の①使途、②処分または③保有形態について制約があります（実務指針Q13）。

1．使途の制約

　使途の制約とは、寄付金を受けた資産をどのように使用するかについて制約が課されている場合であり、例えば、30周年事業または会館の改修に使用を限定する等、特定の支出に寄付の使途が制約されている場合が考えられます。この使途の制約は、例えば「公益目的事業の〇〇事業に充当してほしい」とか、「奨学金事業の奨学金の財源に充当してほしい」と具体的に表現される必要があるとされています。単に、「公益法人のために使ってほしい」では、使途の制約としては不十分であると解されています（26年度報告Ⅴ3.③使途の制約、FAQ問Ⅴ－4－⑫）。

2．処分の制約

　処分の制約とは、換言すれば維持に関する制約であり、寄付者等に永久的な維持または一定時点までの維持の意思があり、その意思を承知して寄付の受入れを行ったような場合の制約をいい、例えば、永久の維持、10年、5年等の一定期間の維持や特定の事業の目的が達成されるまで等の、特定時点までの維持等が考えられます。

3．保有形態の制約

　保有形態の制約とは、寄付者等が寄付する資産をどのように保有するかについて指定する場合であり、例えば、寄贈を受けた土地・建物をそのままの状態で使用することや株式を譲渡せずそのまま保有することを求められる場合等が考えられます。

4　指定正味財産から一般正味財産への振替え

　寄付者等の指定の解除があった場合には、指定正味財産を一般正味財産へ振替を行う必要があります。例えば、以下のような場合が挙げられます。

■1 使途を指定された補助金や寄付金について、その指定が解除された場合

　補助金や寄付金によって指定された事業を実施することによって、指定が解除されることです。事業の実施に伴い費用が発生すれば、一般正味財産増減の部において費用が発生しますが、その分指定正味財産から一般正味財産に振り替えることになります。

■2 指定正味財産を充当して取得した資産が減価償却や災害等により消滅した場合

　指定正味財産を充当して取得した資産については、財源と資産が紐付きになっており、資産の価値が減少した場合には、指定正味財産として計上している金額も解除されたものとされます。このため、減価償却の実施や災害等によりその資産がなくなった場合も、実質的に指定が解除されたものとして、指定正味財産から一般正味財産に振り替えることになります。

■3 指定正味財産を充当して取得した資産の時価が著しく下落した場合（回復の見込みがあると認められる場合を除く）

　指定正味財産を充当して取得した有価証券や固定資産の時価が著しく下落した場合も、資産の実質価値がなくなったと判断されることから、■2の強制評価減と同様に指定正味財産から一般正味財産に振り替えることになります。

> **公益法人会計基準注解**
>
> **(注15) 指定正味財産の部から一般正味財産の部への振替について**
> 　次に掲げる金額は、指定正味財産の部から一般正味財産の部に振り替え、当期の振替額を正味財産増減計算書における指定正味財産増減の部及び一般正味財産増減の部に記載しなければならない。
> 　(1) 指定正味財産に区分される寄付によって受け入れた資産について、制約が解除された場合には、当該資産の帳簿価額
> 　(2) 指定正味財産に区分される寄付によって受け入れた資産について、減価償却を行った場合には、当該減価償却費の額
> 　(3) 指定正味財産に区分される寄付によって受け入れた資産が災害等により消滅した場合には、当該資産の帳簿価額
> 　なお、一般正味財産増減の部において、指定正味財産からの振替額は、その性格に従って、経常収益又は経常外収益として記載するものとする。

　このほか、指定正味財産を財源とする有価証券の会計処理について、公益法人会計基準注解(注11)において、以下のような定めがあります。

> **公益法人会計基準注解**
>
> **(注11) 指定正味財産に区分される寄付によって受け入れた有価証券の会計処理について**
> 　指定正味財産に区分される寄付によって受け入れた有価証券を時価又は償却原価で評価する場合には、従前の帳簿価額との差額は、正味財産増減計算書上、指定正味財産増減の部に記載するものとする。

　指定正味財産として受け入れた資産の時価評価や償却原価による価額の増減は資産の評価損益等の計上にすぎず、当該資産に対する指定の解

除ではないため、このような場合の資産の増減額は指定正味財産増減の部に記載することになります。

一方で、減損処理等のように実質的にその資産の価値が喪失するような場合には、実質的に指定の解除がなされたものと同様の状況であるとみなし、当該減少額を指定正味財産の部から一般正味財産の部に振り替えます。

以上をまとめると、次のようになります。

指定正味財産に区分された資産の状況		会計処理 A：指定正味財産から一般正味財産へ振替 B：指定正味財産の部のまま
制約が解除された場合		A
右の理由により資産価額が減少した場合	・減価償却	A
	・災害等により消滅	A
評価損等により資産価額が減少した場合	・満期保有目的の債券について、償却原価法を適用	B
	・市場価格のあるものについて時価評価	B
	・株式の時価または実質価額の著しい下落（回復の見込みがあると認められる場合を除く）	A
	・土地等の不動産の価額が著しく下落した場合（回復の見込みがあると認められる場合を除く）	A

なお、取引事例を用いた解説は第9章において行います。

> **コラム**
>
> ### 別表H 公益目的取得財産残額について
>
> 　公益目的取得財産残額は、公益認定の取消等の場合に法人が贈与すべき額です。公益目的取得財産残額は、当該公益法人が取得したすべての公益目的事業財産から公益目的事業のために費消・譲渡した財産を除くことを基本として算定します（認定法第30条第2項）。
>
> 　実際に公益認定の取消等が行われた時点で、当該法人の公益目的事業財産の取得や費消・譲渡の状況を過去に遡って正確に算定することは、実務上非常に困難であると考えられます。このため、認定法施行規則では、各事業年度ごとに、当該事業年度の末日における公益目的取得財産残額を算定し（認定規則第48条）、公益認定の取消等が行われた場合には、直近の事業年度末日における公益目的取得財産残額をもとに一定の調整を行うことにより、実際に贈与すべき公益目的取得財産残額を確定します。
>
> 　別表Hは、この各事業年度の末日における公益目的取得財産残額の算定を行う様式です。
>
> 　寄付者により、公益目的事業以外のために使用すべき旨が定められているもの以外の指定正味財産として受け入れた寄付金については、受取時に公益目的取得財産残額に加算されます。
>
> 　このため、当該寄付金を指定正味財産から一般正味財産へ振り替えた時点では、公益目的取得財産残額に加算されません。

第9章

正味財産増減計算書

1　正味財産増減計算書の表示方法

■1　正味財産増減計算書の区分

公益法人会計基準

第3　正味財産増減計算書
　2　正味財産増減計算書の区分
　　正味財産増減計算書は、一般正味財産増減の部及び指定正味財産増減の部に分かち、更に一般正味財産増減の部を経常増減の部及び経常外増減の部に区分するものとする。

　公益法人会計基準では、貸借対照表上の正味財産を拘束性の程度により指定正味財産と一般正味財産とに区分しています。正味財産増減計算書においても、当期の事業の効率性とは関係が少なく拘束性の高い寄付金等の指定正味財産増減額と、拘束性の程度の低い一般正味財産増減額とを区別し、一般正味財産増減の部において計算される当期の一般正味財産増減額をもって事業の効率性の指標とできるようになっています。

公益法人会計基準注解

（注6）　指定正味財産の区分について
　　寄付によって受け入れた資産で、寄付者等の意思により当該資産の使途について制約が課されている場合には、当該受け入れた資産の額を、貸借対照表上、指定正味財産の区分に記載するものとする。また、当期中に当該寄付によって受け入れた資産の額は、正味財産増減計算書における指定正味財産増減の部に記載するものとする。

(注13) 補助金等について

　法人が国又は地方公共団体等から補助金等を受け入れた場合、原則として、その受入額を受取補助金等として指定正味財産増減の部に記載し、補助金等の目的たる支出が行われるのに応じて当該金額を指定正味財産から一般正味財産に振り替えるものとする。なお、当該事業年度末までに目的たる支出を行うことが予定されている補助金等を受け入れた場合には、その受入額を受取補助金等として一般正味財産増減の部に記載することができる。

　ただし、当該補助金等が国又は地方公共団体等の補助金等交付義務を実質的に代行する目的で当該法人に一時的に支払われたものである場合等、当該補助金等を第三者へ交付する義務を負担する場合には、当該補助金等は預り補助金等として処理し、事業年度末における残高を負債の部に記載するものとする。

　使途が特定されている資産を寄付で受け入れた場合、または、国や地方公共団体等から補助金等を受け入れた場合には、原則としてその受入額は指定正味財産増減の部に記載されます。ただし、当該事業年度末までに目的たる支出を行うことが予定されている補助金等を受け入れた場合には、その受入額を受取補助金等として一般正味財産増減の部に記載することができます。

　また、国等から補助金等を受け取った場合でも、公益法人が主にその配分先を決めるだけであり、未配分額を返還する義務を負う場合には、この補助金等は当該法人にとっては正味財産の増加をもたらすものではなく、負債として処理する必要があります。そのため、補助金等を受け入れた際には、指定正味財産の増加原因として計上するか負債として処理するかの区別が必要となります（その他、正味財産については、第8章参照）。

◾2 正味財産増減計算書の構成

公益法人会計基準

第3　正味財産増減計算書
　3　正味財産増減計算書の構成
　　一般正味財産増減の部は、経常収益及び経常費用を記載して当期経常増減額を表示し、これに経常外増減に属する項目を加減して当期一般正味財産増減額を表示するとともに、更にこれに一般正味財産期首残高を加算して一般正味財産期末残高を表示しなければならない。
　　指定正味財産増減の部は、指定正味財産増減額を発生原因別に表示し、これに指定正味財産期首残高を加算して指定正味財産期末残高を表示しなければならない。

公益法人会計基準注解

（注14）一般正味財産増減の部における経常外増減に属する項目について
　一般正味財産増減の部における経常外増減に属する項目には、臨時的項目及び過年度修正項目がある。
　なお、経常外増減に属する項目であっても、金額の僅少なもの又は毎期経常的に発生するものは、経常増減の区分に記載することができる。

　正味財産増減計算書は、一般正味財産と指定正味財産のそれぞれについて、期首残高に当期中の増減額を加減して期末残高を算出する表示形式となっています。この期末残高は貸借対照表の正味財産の部の一般正味財産の金額、指定正味財産の金額に一致しなければなりません。
　一般正味財産の当期増減額については、経常増減と経常外増減の部に

区分し、さらにそれぞれの収益項目と費用項目を区分して表示しなければなりません。

経常収益の具体的内容は、目的たる事業活動を実施するための経常的財源であり、例えば次のようなものがあります。

① 基本財産や特定資産の運用益
② 入会金や会費、受取寄付金、補助金等の財産の受入れ行為
③ 事業活動収益

経常費用の具体的内容は、目的たる事業活動や事業活動に付随して生じる管理活動等のための費用であり、例えば次のようなものがあります。

① 事業費
② 管理費

経常外増減は臨時的項目及び過年度修正項目であり、例えば次のようなものがあります。

① 基本財産評価損益
② 固定資産売却損益
③ 固定資産受贈益
④ 災害損失
⑤ 過年度減価償却費

なお、経常外増減に属する項目であっても、金額の僅少なものまたは毎期経常的に発生するものは、経常増減の部に記載することができる点に留意します（公益法人会計基準注解（注14））。

公益法人会計基準注解

（注15） 指定正味財産の部から一般正味財産の部への振替について

次に掲げる金額は、指定正味財産の部から一般正味財産の部に振り替え、当期の振替額を正味財産増減計算書における指定正味財産増減の部及び一般正味財産増減の部に記載しなければならない。

> (1) 指定正味財産に区分される寄付によって受け入れた資産について、制約が解除された場合には、当該資産の帳簿価額
> (2) 指定正味財産に区分される寄付によって受け入れた資産について、減価償却を行った場合には、当該減価償却費の額
> (3) 指定正味財産に区分される寄付によって受け入れた資産が災害等により消滅した場合には、当該資産の帳簿価額
>
> なお、一般正味財産増減の部において、指定正味財産からの振替額は、その性格に従って、経常収益又は経常外収益として記載するものとする。

　指定正味財産の増加原因として受け入れた寄付金等について、その寄付の目的が達成されたり、その寄付によって受け入れた資産について減価償却を行ったり、または災害等により消滅した場合には、当該正味財産は費消することにより拘束から解放されたことになるので、指定正味財産から一般正味財産へ正味財産の増減区分間の振替えが必要となります。

公益法人会計基準注解

> **（注3） 総額主義について**
> 　貸借対照表における資産、負債及び正味財産は、総額をもって記載することを原則とし、資産の項目と負債又は正味財産の項目とを相殺することによって、その全部又は一部を貸借対照表から除去してはならない。
> 　総額主義の原則は、正味財産増減計算書においても適用する。

　正味財産の増加額及び減少額の総額は、それを両建てして記載することにより、正味財産の増加項目と減少項目の算出過程を明示することになり、また、公益法人の事業活動の規模を判断する上で重要であるため、最終的に正味財産増減額が同じ金額になるからといって、正味財産の増加額と減少額を相殺してはならないとされています。

> **公益法人会計基準注解**
>
> **(注16) 投資有価証券評価損益等の表示方法について**
>
> 経常収益又は経常費用に含まれる投資有価証券（基本財産又は特定資産の区分に記載されるものを含む。）に係る評価損益及び売却損益については、その他の経常収益及び経常費用と区別して記載するものとする。この場合、その他の経常収益からその他の経常費用を控除して評価損益等調整前当期経常増減額を表示し、さらに投資有価証券評価損益等を調整することによって当期経常増減額を表示する。

基本財産に株式を所有している財団法人等において、株式の時価が下がれば評価損が計上され、公益目的事業費の比率が大幅に下がるという状況にならないよう公益法人会計基準においては、投資有価証券の評価損益及び売却損益については、他の経常収益または経常費用で一旦評価損益等調整前当期経常増減額を計算した後、評価損益及び売却損益等を加算または減算することとなっています。

> **公益法人会計基準注解**
>
> **(注2)　内訳表における内部取引高等の相殺消去について**
>
> 当該公益法人が有する会計区分間において生ずる内部取引高は、正味財産増減計算書内訳表において相殺消去するものとする。また、公益法人が会計区分を有する場合には、会計区分間における内部貸借取引の残高は、貸借対照表内訳表において相殺消去するものとする。

法人全体の財務諸表及び附属明細書並びに財産目録を基本とし、会計区分ごとの情報は、財務諸表の一部として貸借対照表内訳表及び正味財産増減計算書内訳表において、それぞれに準じた様式で表示するものと

整理されています。

3 会計区分について

公益法人会計基準総則4において「公益法人は、法令の要請等により、必要と認めた場合には会計区分を設けなければならない」と定められています。

会計区分に係る主な取扱いをまとめると、次のとおりです。

1. 公益社団・財団法人の場合

公益社団・財団法人の会計区分については、法令上は次の(1)に記載のとおり収益事業等の区分経理について規定されています。3区分等の具体的な会計区分の取扱いは公益認定等ガイドラインで示され、また、貸借対照表内訳表及び正味財産増減計算書内訳表の様式は運用指針で示されています。

(1) 認定法

> **認定法第19条（収益事業等の区分経理）**
>
> 収益事業等に関する会計は、公益目的事業に関する会計から区分し、各収益事業等ごとに特別の会計として経理しなければならない。

(2) 公益認定等ガイドライン

> **公益認定等ガイドラインⅠ-18**
>
> **認定法第19条関係〈収益事業等の区分経理〉**
> (1) 認定法第19条の「各収益事業ごとに特別の会計として経理する」際の事業単位については、当該法人の収益事業等のうち、まず①収益事業と②その他の事業（注）を区分し、次に必要に応じ、事業の内容、設備・人員、市場等により、更に区分する。

> (注) 法人の構成員を対象として行う相互扶助等の事業が含まれる。
>
> (2) 計算書類の作成について、①損益計算書（正味財産増減計算書）は、内訳表において会計を公益目的事業に関する会計（公益目的事業会計）、収益事業等に関する会計（収益事業等会計）及び管理業務やその他の法人全般に係る事項（公益目的事業や収益事業等に属さない事項）に関する会計（法人会計）の３つに区分し、更に上記(1)の区分に応じて収益事業等ごとに表示する。内訳表においては公益目的事業も事業ごとに表示する。認定法第７条第２項第２号の「収支予算書」の作成も同様とする。②貸借対照表は、収益事業等から生じた収益のうち50％を超えて公益目的事業財産に繰り入れる法人については、内訳表において会計を公益目的事業に関する会計（公益目的事業会計）、収益事業等に関する会計（収益事業等会計）及び管理業務やその他の法人全般に係る事項（公益目的事業や収益事業等に属さない事項）に関する会計（法人会計）の３つに区分して表示する。

　収益事業等を事業ごとに区分経理する際は、どういう単位で事業を分ける必要があるのか、判断が難しい場合があります。

　事業の分け方としては、まず①収益事業と②その他の事業（法人の構成員を対象として行う相互扶助等の事業を含む）に区分し、次に、法人の事業の実態に応じて区分する必要があれば、上記で区分した事業を更に事業内容、設備・人員、市場等により区分します。事業運営上、意義や必要性がない場合にまで区分することを求めているものではありません（FAQ Ⅵ－２－①）。

　また、公益認定の申請書や認定後の事業報告に記載する公益目的事業の単位は、事業の実態等から類似、関連するものを適宜まとめたものを単位とし、正味財産増減計算書内訳表等の計算書類で区分経理を行う事業の単位と一致している必要がある点、留意することが必要です（FAQ

Ⅵ-2-②)。

　なお、公益目的事業しか行わない法人は、財務状況等勘案のうえで正味財産増減計算書内訳表における法人会計区分の作成を省略できます（FAQ Ⅵ-2-⑦）。

2. 移行法人の場合

　会計区分について、法令上は次の(1)に記載のとおり実施事業等に係る区分を明らかにしなければならないと規定されており、損益計算書（正味財産増減計算書）については公益認定等ガイドラインにおいて、その具体的な方法として内訳表の作成が求められています。また、貸借対照表内訳表及び正味財産増減計算書内訳表の様式は運用指針で示されています。

(1) 整備規則

整備規則第42条（移行法人の計算書類）

1　整備法第127条第3項の規定により提出する貸借対照表は、実施事業資産を区分して明らかにしなければならない。
2　整備法第127条第3項の規定により提出する損益計算書は、次に掲げる区分を設けて表示するとともに、各区分において実施事業等に係る額を明らかにしなければならない。この場合において、各区分は、適当な項目に細分することができる。
　一　経常収益
　二　事業費
　三　管理費
　四　経常外収益
　五　経常外費用

(2) 公益認定等ガイドライン

> **公益認定等ガイドラインⅡ－4**
>
> **移行法人の計算書類について（整備規則第42条関係）**
> 　移行法人が行政庁に提出する計算書類の作成について、損益計算書（正味財産増減計算書）は、内訳表において実施事業等に関する会計（実施事業等会計）を他と区分し、更に実施事業等ごとに表示する。整備規則第31条第5号の「収支予算書」の作成も同様とする。

3. 正味財産増減計算書内訳表における法人会計区分の義務づけの緩和

　平成27年3月に公表された26年度報告において、公益法人のうち公益目的事業のみを実施している法人については、収益事業等からの振替が存在しないことから法人会計区分の記載を省略できることとなりました。

　また、公益目的事業が1つしかない場合、正味財産増減計算内訳表と正味財産増減計算書は実質的に変わらないため、その作成自体省略できることとなりました。

(1) 法人会計区分の義務づけが緩和された法人

　法人会計区分の省略が可能とされたのは、公益法人のうち、公益目的事業のみを実施している法人です。収益事業等を実施している法人は、少なくとも当該収益事業等から生じた利益の50％を公益目的事業のために使う必要がありますが、法人会計の区分を省略した場合、当該利益が、公益目的事業会計の区分に表示されている管理費に充当されてしまう可能性があり、会計的に認定法の要請を担保することができないとして、省略することは認められていません。

(2) 様式

　従来法人会計区分で表示していた損益については、公益目的事業会計

区分の共通欄に表示することとなると考えられます（様式中、××の部分が該当）。

　公益目的事業が複数あり、法人会計区分を省略した場合の正味財産増減計算書内訳表の様式例は次のとおりです。

【様式例】

正味財産増減計算書内訳表
平成×0年4月1日から平成×1年3月31日まで

（単位：円）

科　目	公益目的事業会計			合計
	A事業	B事業	共通	
Ⅰ　一般正味財産増減の部				
1．経常増減の部				
（1）　経常収益				
基本財産運用益			××	
基本財産受取配当金			××	
事業収益				
A事業収益				
B事業収益				
受取賃料				
受取補助金				
受取国庫補助金				
受取寄付金				
受取寄付金			××	
雑収益				
受取利息				
経常収益計			×××	
（2）　経常費用				
事業費				
役員報酬				
給料手当				
消耗品費				
管理費			×××	

役員報酬		××	
給料手当		××	
減価償却費		××	
租税公課		××	
雑費		××	
経常費用計		×××	
評価損益等調整前当期経常増減額		×××	
投資有価証券評価損益等		××	
評価損益等計		×××	
当期経常増減額		×××	
2. 経常外増減の部			
(1) 経常外収益			
経常外収益計			
(2) 経常外費用			
経常外費用計			
当期経常外増減額			
当期一般正味財産増減額		×××	
一般正味財産期首残高			
法人会計区分省略に伴う一般正味財産期首残高調整額		×××	
一般正味財産期末残高			
Ⅱ 指定正味財産増減の部			
受取補助金等			
一般正味財産への振替額			
当期指定正味財産増減額			
指定正味財産期首残高			
指定正味財産期末残高			
Ⅲ 正味財産期末残高			

(3) 法人会計区分省略時の処理

　今回の26年度報告の公表により、一定の要件のもと、法人会計区分の省略が容認されたことから、これを理由に法人会計区分の省略による表示方法の変更は認められると考えられます。

変更にあたっては、変更年度の法人会計区分の一般正味財産期首残高は、正味財産増減計算書内訳表において、公益目的事業会計区分の共通欄において、一般正味財産期首残高の調整項目として、「法人会計区分省略に伴う一般正味財産期首残高調整額」等適切な名称で公益目的事業会計区分の一般正味財産期首残高を調整することが考えられます。

　なお、公益目的事業が１つしかない場合には、正味財産増減計算書内訳表は、実質的に正味財産増減計算書と変わらないため、正味財産増減計算書内訳表の作成自体が省略することができます。

　あわせて、当該表示方法の変更にかかる注記例を示せば、次のとおりです（非営利法人委員会研究報告第29号）。

【注記例】

> （表示方法の変更）
> 　前期まで法人会計区分に表示していた収益及び費用については、26年度報告が公表され、法人会計区分の義務づけが緩和されたことに伴い、当期より法人会計区分を省略し、公益目的事業会計の区分に含めて表示している。

■4 収益事業等会計から公益目的事業会計への利益の繰入額
（非営利法人委員会研究資料第4号）

非営利法人委員会研究資料第4号（Q10）

　公益社団・財団法人は、収益事業等から生じた利益の50％を公益目的事業財産に繰り入れる必要がある（認定法第18条第４号、認定法施行規則第24条）。

　収益事業等から生じた利益は、収益事業等会計の当期一般正味財産増

減額（税引前）から、管理費のうち収益事業等に按分される額を控除して計算されることになる（公益認定等ガイドラインⅠ－5(2)①(注1)）。公益目的事業や収益事業等に直接紐づけることのできない費用であっても、各事業の収益獲得に貢献しているためである。

非営利法人委員会研究資料第4号(Q11)

　公益社団・財団法人が、収益事業等から公益事業に繰り入れる利益の額を計算するに当たっては、管理費のうち収益事業等に按分される額を計算する必要がある。
　按分方法については、特に法令等の定めはなく、合理的な基準であれば認められる。
　管理費の按分は、収益事業等会計の利益の額を適切に算定するために行う処理である。そのため、管理費の按分基準としては、応益負担の考え方、すなわち、共通費用の配賦基準と同様に、管理費の発生に関連のある物量基準を用いることが望ましい。物量基準としては、使用割合や従事割合のほか、事業費比率などを用いることも考えられる。
　また、共通費用の配賦基準と同様に、管理費の按分基準についても合理的な理由がある場合を除いて継続して採用する必要がある。

〈計算事例〉
　下のような正味財産増減計算書内訳書が作成される法人においては、管理費相当額、公益事業への利益の繰入額は以下のように計算される。なお、管理費は事業費の比率で按分し、収益事業等から生じた利益の50％を公益事業に繰り入れるものとする。また、収益事業に対して課される税金は、税引前当期一般正味財産増減額の40％という前提を置く。
　なお、当設例において、税効果会計は考慮していない。

(1) 管理費相当額の計算

収益事業等に按分される管理費 30

＝管理費 100 ×収益等事業費 300/(公益事業費 700 ＋収益等事業費 300)

(2) 収益事業等会計から生じた利益の計算

収益事業等会計から生じた利益 110

＝収益事業等会計の利益 140 －収益事業等会計の管理費相当額 30

(3) 利益の繰入額（他会計振替額）の計算

公益事業への利益の繰入額 55

＝収益事業等会計から生じた利益 110 × 50 ％

正味財産増減計算書内訳表

科　　目	公益目的事業会計	収益事業等会計	法人会計	内部取引消去	合計
Ⅰ　一般正味財産増減の部					
1．経常増減の部					
(1) 経常収益					
事業収益	500	290	100	－	890
その他収益	100	150	－	－	250
経常収益計	600	440	100	－	1,140
(2) 経常費用					
事業費	700	300	－	－	1,000
管理費	－	－	100	－	100
経常費用計	700	300	100	－	1,100
評価損益等調整前当期経常増減額	△100	140	－	－	40
投資有価証券評価損益等	0	0	0	－	0
当期経常増減額	△100	140	－	－	40
2．経常外増減の部					
(1) 経常外収益	15	0	－	－	15
(2) 経常外費用	10	0	－	－	10
当期経常外増減額	5	0	－	－	5
他会計振替額	55	△55			－
税引前当期一般正味財産増減額	△40	85			45
法人税、住民税及び事業税	0	34			34

当期一般正味財産増減額	△ 40	51	―	―	11
一般正味財産期首残高	100	100	100	―	300
一般正味財産期末残高	60	151	100	―	311
Ⅱ 指定正味財産増減の部					
以下省略					

　収支相償の計算方法として収益事業等からの利益の繰入額が 50 ％の場合と 50 ％を超える場合の、両者の違いについて、法人が収益事業等を行う場合において、どの法人も収益事業等から生じた収益（利益）の 50 ％は公益目的事業財産に繰り入れなければなりませんが（認定法第 18 条第 4 号）、法人によっては、公益目的事業の財源確保のために必要がある場合には自発的に 50 ％を超えて繰り入れることができます（認定規則第 26 条第 7 号及び第 8 号）。このように利益の 50 ％を超える繰入れは、法人において公益のために必要であるとの判断に基づいて行うものであることから、利益の繰入れが 50 ％か 50 ％超かによって収支相償の計算方法を変えることとしたものです（公益認定等ガイドラインⅠ－ 5.参照）。

・収支相償の計算方法
　① 収益事業等からの利益の 50 ％を繰り入れる場合
　　第一段階の収支相償を満たした各公益目的事業に直接関連する費用と収益に加え、公益目的事業の会計に属するその他の収益で各事業に直接関連づけられない収益、公益目的事業に係る特定費用準備資金への積立額と取崩額、更に収益事業等を行っている法人については、収益事業等から生じた利益の 50 ％を加算して収支を比較します。剰余が生じる場合には、公益目的事業のための資産の取得や翌年度の事業費に充てる等、公益のために使用することになります。
　② 収益事業等からの利益を 50 ％を超えて繰り入れる場合
　　収益事業等から生じた利益の 50 ％超を公益目的事業財産に繰り入れる場合（認定規則第 26 条第 7 号及び第 8 号）とは、公益目的事業のた

めに法人において特に繰入れの必要があると決定された場合ですが、決定にあたっては計画性をもって繰り入れることが適切と考えられます。そのため公益目的事業に必要なすべての資産収支とその見通しを立て、不足分を収益事業等の利益から100％を上限に繰り入れるという枠組みにされています。

まず事業費以外に公益目的事業のための資金需要としては資産の取得または改良（資本的支出）があることから、当期の公益目的保有財産に係る取得支出とその売却収入、及び将来の公益目的保有財産の取得または改良に充てるための資産取得資金（認定規則第22条第3項第3号）への積立額と取崩額を公益目的事業が属する会計の費用、収益にそれぞれ加えます。その際に、公益目的事業費には公益目的保有財産に係る減価償却費が含まれていますが、これは財産の取得支出や資産取得資金の積立て額と機能が重複することから、減価償却費は控除します。

また特定費用準備資金への積立額と取崩額を加えます。ただし、この資産取得資金と特定費用準備資金は将来の事業のための資金なので、計画性をもって積立と取崩を行うため、この収支相償の計算上は、今後積み立てなければならない見込み金額を積み立てる年数で除した額を限度として積立額を算入することとなります。

このように公益目的事業に関するすべての資金の出入りを足し合わせて収支を比較するということとされています。

法人の公益目的事業、収支事業等の状況や計画は事業年度毎に異なるため、法人において50％か50％超かは毎事業年度、選択することが可能とされています。

なお、収支事業等の利益の50％超を公益目的事業財産に繰り入れた場合には、繰り入れた事業年度末の貸借対照表は公益目的事業と収益事業等とに区分経理（認定法第19条）を行わなければなりません。

一旦50％超の繰入れを行った場合には、その後の繰入れが50％に留まったときにでも、継続性の観点から区分経理を維持することが適当とされています。

2 正味財産増減計算書の会計処理方法

1 補助金等及び寄付金の会計処理

補助金等を受け入れた場合、当該受入金額は指定正味財産増減の部に計上するのが原則とされています。補助金等の対象とする事業が遂行されたとき、事業費が一般正味財産増減の部に計上され、指定正味財産に計上されている補助金等のうち事業費と同額分が一般正味財産の部に振り替えられます。

しかし、実務上の煩雑さに配慮し補助金等の受領と該当する事業の支出が同一の事業年度に行われる場合には、指定正味財産増減の部に計上せずに最初から一般正味財産増減の部に計上することができます((注13)なお書きによる方法)。

補助金等とは、補助金、負担金、利子補給金及びその他相当の反対給付を受けない給付金等をいいます。なお、補助金等には役務の対価としての委託費等については含みません(公益法人会計基準の運用指針10.「補助金の取扱いについて」)。

取引例　当年度に支出する事業費等に充当する目的で補助金を受けた場合

・指定正味財産増減の部に記載する方法

1 受入時の仕訳

〈会計仕訳〉

借　方		貸　方	
現金預金 （B／S）	1,000	受取補助金等－受取国庫補助金 （正味・指定）	1,000

2 事業費支出時の仕訳

〈会計仕訳〉

借　方		貸　方	
事業費-給料手当 （正味・一般）	1,000	現金預金 （B／S）	1,000

3 指定正味財産の部から一般正味財産の部への振替えの仕訳

〈会計仕訳〉

借　方		貸　方	
一般正味財産への振替額 （正味・指定）	1,000	受取補助金等－受取補助金等振替額 （正味・一般）	1,000

〈正味財産増減計算書〉

```
 I  一般正味財産増減の部
      受取補助金等-受取補助金等振替額   1,000
      事業費-給料手当                  1,000
          当期一般正味財産増減額           0
          一般正味財産期首残高             0
          一般正味財産期末残高             0
 II 指定正味財産増減の部
      受取補助金等-受取国庫補助金      1,000
      一般正味財産への振替額           1,000
          当期指定正味財産増減額           0
          指定正味財産期首残高             0
          指定正味財産期末残高             0
 III 正味財産期末残高                   0
```

・最初から一般正味財産増減の部に記載する方法

1 受入時の仕訳

〈会計仕訳〉

借　方		貸　方	
現金預金 （B／S）	1,000	受取補助金等−受取国庫補助金 （正味・一般）	1,000

2 事業費支出時の仕訳

〈会計仕訳〉

借　方		貸　方	
事業費−給料手当 （正味・一般）	1,000	現金預金 （B／S）	1,000

〈正味財産増減計算書〉

```
Ⅰ   一般正味財産増減の部
      受取補助金等−受取国庫補助金  1,000
      事業費−給料手当              1,000
          当期一般正味財産増減額         0
          一般正味財産期首残高           0
          一般正味財産期末残高           0
Ⅱ   指定正味財産増減の部
          当期指定正味財産増減額         0
          指定正味財産期首残高           0
          指定正味財産期末残高           0
Ⅲ   正味財産期末残高                  0
```

　当年度に支出する事業費等に充当する目的で寄付金を受けた場合も、上記の補助金の場合の処理と同様に、一旦指定正味財産増減の部に記載し、一般正味財産増減の部に振替えを行うか、最初から一般正味財産増減の部に記載する方法があります。

取引例

・長期にわたる特定の事業の実施に充てることを指定された寄付金を受けた場合

使途が指定された寄付金 1,000 を受け入れ、受入年度に 700 支出し、翌年度に 300 の支出を行った。

1 寄付金受入時の仕訳

〈会計仕訳〉

借　方		貸　方	
現金預金（注） （B／S）	1,000	受取寄付金－受取寄付金 （正味・指定）	1,000

（注）使途が特定された寄付金を受け入れるための特定預金を設けた場合は、「○○○事業特定預金」のように適当な名前を付した勘定科目を用いる。

2 1年目の事業実施時の仕訳

〈会計仕訳〉

借　方		貸　方	
事業費－給料手当 （正味・一般）	700	現金預金 （B／S）	700
一般正味財産への振替額 （正味・指定）	700	受取寄付金－受取寄付金振替額 （正味・一般）	700

〈1年目正味財産増減計算書〉

　Ⅰ　一般正味財産増減の部
　　　受取寄付金－受取寄付金振替額　　700
　　　事業費－給料手当　　　　　　　　700
　　　　当期一般正味財産増減額　　　　　0
　　　　一般正味財産期首残高　　　　　　0
　　　　一般正味財産期末残高　　　　　　0

II　指定正味財産増減の部
　　　受取寄付金−受取寄付金　　　　 1,000
　　　一般正味財産への振替額　　　　　 700
　　　　当期指定正味財産増減額　　　　 300
　　　　指定正味財産期首残高　　　　　　 0
　　　　指定正味財産期末残高　　　　　 300
　III　正味財産期末残高　　　　　　　　 300

3　2年目の事業実施時の仕訳

〈会計仕訳〉

借　方		貸　方	
事業費−給料手当 （正味・一般）	300	現金預金 （B／S）	300
一般正味財産への振替額 （正味・指定）	300	受取寄付金−受取寄付金振替額 （正味・一般）	300

〈2年目正味財産増減計算書〉

　I　一般正味財産増減の部
　　　受取寄付金−受取寄付金振替額　　 300
　　　事業費−給料手当　　　　　　　　 300
　　　　当期一般正味財産増減額　　　　　 0
　　　　一般正味財産期首残高　　　　　　 0
　　　　一般正味財産期末残高　　　　　　 0
　II　指定正味財産増減の部
　　　受取寄付金−受取寄付金　　　　　　 0
　　　一般正味財産への振替額　　　　　 300
　　　　当期指定正味財産増減額　　　▲300
　　　　指定正味財産期首残高　　　　　 300
　　　　指定正味財産期末残高　　　　　　 0
　III　正味財産期末残高　　　　　　　　　 0

取引例

建物購入に充当する目的で補助金を受け、購入した建物の減価償却を行った場合

 建物 取得原価 6,000（うち補助金 3,000、自己資金 3,000）
    耐用年数 30 年（当期は 6 か月分を計上）
    残存価額 10 ％
    減価償却方法 定額法

1 受入時の仕訳

〈会計仕訳〉

借　方		貸　方	
現金預金 （B／S）	3,000	受取補助金等－受取国庫補助金 （正味・指定）	3,000

2 建物購入時の仕訳

〈会計仕訳〉

借　方		貸　方	
建物 （B／S）	6,000	現金預金 （B／S）	6,000

3 減価償却費計上の仕訳

〈会計仕訳〉

借　方		貸　方	
減価償却費 （正味・一般）	90	建物 （B／S）	90

（計算式） $6,000 \times (1 - 0.1) \times 1/30 \times 6/12 = 90$

4 指定正味財産の部から一般正味財産の部への振替えの仕訳（減価償却分）

〈会計仕訳〉

借　方		貸　方	
一般正味財産への振替額 （正味・指定）	45	受取補助金等－受取国庫補助金 （正味・一般）	45

（計算式）　$3,000 \times (1-0.1) \times 1/30 \times 6/12 = 45$

〈正味財産増減計算書〉

　I　一般正味財産増減の部
　　　受取補助金等－受取国庫補助金　　　　45
　　　減価償却費　　　　　　　　　　　　　90
　　　　当期一般正味財産増減額　　　　▲45
　　　　一般正味財産期首残高　　　　　　　0
　　　　一般正味財産期末残高　　　　　▲45
　II　指定正味財産増減の部
　　　受取補助金等－受取国庫補助金　　3,000
　　　一般正味財産への振替額　　　　　　45
　　　　当期指定正味財産増減額　　　2,955
　　　　指定正味財産期首残高　　　　　　0
　　　　指定正味財産期末残高　　　2,955
　III　正味財産期末残高　　　　　　2,910

取引例

補助金により取得した建物が災害等により滅失した場合

国庫補助金で過去に取得した建物が火災により焼失。

　焼失時の簿価　1,500

　焼失時に指定正味財産に計上されていた国庫補助金残高　1,000

1 建物焼失時の仕訳

〈会計仕訳〉

借　方		貸　方	
災害損失－災害損失 （正味・一般）	1,500	建物 （B／S）	1,500

2 指定正味財産の部から一般正味財産の部への振替えの仕訳

〈会計仕訳〉

借　方		貸　方	
一般正味財産への振替額 （正味・指定）	1,000	受取補助金等－受取国庫補助金 （正味・一般）	1,000

〈正味財産増減計算書〉

```
Ⅰ　一般正味財産増減の部
　　受取補助金等－受取国庫補助金　　　1,000
　　災害損失－災害損失　　　　　　　　1,500
　　　　当期一般正味財産増減額　　　▲ 500
　　　　一般正味財産期首残高　　　　　　 0
　　　　一般正味財産期末残高　　　　▲ 500
Ⅱ　指定正味財産増減の部
　　一般正味財産への振替額　　　　　 1,000
　　　　当期指定正味財産増減額　　　▲1,000
　　　　指定正味財産期首残高　　　　 1,000
　　　　指定正味財産期末残高　　　　　　 0
Ⅲ　正味財産期末残高　　　　　　　　▲ 500
```

取引例

国等の補助金の交付業務代行を行う場合

　国より補助金交付業務を代行する目的で補助金を2,000受け、当期の支出を1,900行い、年度末の残額は100。

1 受入時の仕訳

〈会計仕訳〉

借　方		貸　方	
現金預金 （B／S）	2,000	預り補助金 （B／S）	2,000

2 支出時の仕訳

〈会計仕訳〉

借　方		貸　方	
預り補助金 （B／S）	1,900	現金預金 （B／S）	1,900

3 年度末の仕訳

なし	

〈正味財産増減計算書〉

記載なし。

2 使途を指定された寄付金等により取得した有価証券等に評価損が発生した場合における指定正味財産から一般正味財産への振替えの会計処理

指定正味財産に対応する資産の評価損益については、「指定正味財産に区分される寄付によって受け入れた有価証券を時価または償却原価で評価する場合には、従前の帳簿価額との差額は、正味財産増減計算書上、指定正味財産増減の部に記載するものとする」（公益法人会計基準注解（注11））とされています。

ただし、時価等が著しく下落し当該資産を減損処理するような場

合（次に挙げる仕訳例の3.及び4.）は、寄付者の直接的な意図ではないにしろ、当該減少額については、実質的に指定の解除がなされたものと同様の状況であるとみなし、当該減少額を一般正味財産の部の経常外費用において評価損または減損損失等として計上するとともに、それに対応する寄付金等の金額を指定正味財産の部から一般正味財産の部の経常外収益へ振り替える処理が必要となります（公益法人会計基準注解(注15)）。

以下、当該有価証券等を特定資産とした場合の仕訳例を挙げます（実務指針Q 17より一部抜粋）。

1. **満期保有目的の債券**に対して、**償却原価法を適用した場合の仕訳**
（償却額500）

〈会計仕訳〉

借　方	貸　方
特定資産運用益－特定資産受取利息 500 （正味・指定）	○○○積立資産－投資有価証券　500 （B／S）

2. **満期保有目的の債券、子会社株式及び関連会社株式以外の有価証券**のうち**市場価格のあるものについて時価が下落した場合の仕訳**（評価損600）

〈会計仕訳〉

借　方	貸　方
特定資産評価損－特定資産評価損　600 （正味・指定）	○○○積立資産－投資有価証券　600 （B／S）

3. **発行会社の破綻等により株式の時価または実質価額が著しく下落した場合の仕訳**（回復の見込みがあると認められる場合を除く。減損損失700）

〈会計仕訳〉

借　方	貸　方
国定資産減損損失－特定資産減額損失　700 （正味・一般・経常外※）	○○積立資産－投資有価証券　700 （B／S）
一般正味財産への振替額　700 （正味・指定）	受取寄付金－受取寄付金振替額　700 （正味・一般）

4. 土地等の不動産の価額が著しく下落した場合の仕訳（回復の見込みがあると認められる場合を除く。減損損失800）

〈会計仕訳〉

借　方		貸　方	
固定資産減損損失－特定資産減額損失 （正味・一般・経常外※）	800	土地 （B／S）	800
一般正味財産への振替額 （正味・指定）	800	受取寄付金－受取寄付金振替額 （正味・一般）	800

※当該事例は特定資産とした場合の仕訳である。

第10章 収益及び費用

1 発生主義の原則

1 発生主義とは

　発生主義とは、入出金の事実にかかわらず経済的価値の増加または減少という事実の発生をもって収益または費用を認識する方法です。

　発生主義に対する概念として現金主義があります。現金主義とは、入出金の事実があったときに収益または費用を認識する方法です。

2 発生主義による会計処理

　発生主義では、現金の収支が伴わない場合でも取引を認識します。

　以下、現金の収支が伴わない取引で用いられる勘定科目についていくつか挙げます。

1．未収金・未払金

　財貨・サービスの提供を行い、代金はその提供を行った後で受け取る場合があります。この将来受け取る権利を処理する勘定科目が未収金です。このとき未収金の相手科目として貸方に収益科目（もしくは資産科目）が計上されます。

　逆に、財貨・サービスを購入し、代金はその提供を受けた後で支払う場合があります。この将来支払うべき義務を処理する勘定科目が未払金です。このとき未払金の相手科目として借方に費用科目（もしくは資産科目）が計上されます。

　未収金は将来代金を受け取る権利を表しているため資産項目であり、未払金は将来代金を支払う義務を表しているため負債項目です。

2．経過勘定

　発生主義では、すべての費用及び収益は、その発生した期間に正しく割り当てられるように処理します。したがって、翌期にサービス等を受

けるために前払いした支出は前払費用とし、また翌期にサービス等の提供を行うために前受けした収入は前受収益として損益計算から除外します。逆に、今期サービス等の提供を受けたにもかかわらず、まだ支払っていない（翌期に支払予定の）費用や、今期にサービス等を提供したにもかかわらず対価を受領していない収益は、当期の損益計算に計上します。

3 前払費用の会計処理

取引例

法人事務所の賃貸借契約を×1年10月1日から×2年9月30日で結び、×1年10月1日に年間賃借料10,000を支払った。法人の会計年度は4月1日から3月31日である。

1 賃借料支払時

〈会計仕訳〉

借　方		貸　方	
賃借料 （正味・一般）	10,000	現金預金 （B／S）	10,000

2 決算時

〈会計仕訳〉

借　方		貸　方	
前払費用 （B／S）	5,000	賃借料 （正味・一般）	5,000

【前払費用】

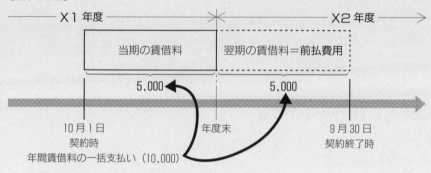

4 前受収益の会計処理

取引例

法人の所有する建物を貸す賃貸借契約を×1年10月1日から×2年9月30日で結び、×1年10月1日に年間賃貸料10,000を受け取った。法人の会計年度は4月1日から3月31日である。

1 賃貸料受取時

〈会計仕訳〉

借　方		貸　方	
現金預金 （B／S）	10,000	受取賃貸料 （正味・一般）	10,000

2 決算時

〈会計仕訳〉

借　方		貸　方	
受取賃貸料 （正味・一般）	5,000	前受収益 （B／S）	5,000

【前受収益】

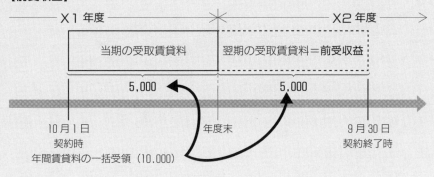

5 未払費用の会計処理

取引例

○○銀行から50,000の借入れを×1年7月1日に行った。元本の返済は5年後に一括して返済され、利息は年1％、12月31日と6月30日に支払う。法人の会計年度は4月1日から3月31日である。

1 借入時

〈会計仕訳〉

借　方		貸　方	
現金預金 （B／S）	50,000	長期借入金 （B／S）	50,000

1 利息支払時12/31

〈会計仕訳〉

借　方		貸　方	
支払利息 （正味・一般）	252※	現金預金 （B／S）	252

※　支払利息の計算：50,000 × 1％ ×（184日／365日）= 252

3 決算時

〈会計仕訳〉

借　方		貸　方	
支払利息 （正味・一般）	123*	未払費用 （B／S）	123

※ 支払利息の計算：$50,000 × 1\% × (90日／365日) = 123$

【未払費用】

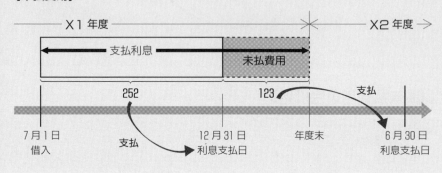

6 未収収益の会計処理

取引例

法人は特定資産として定期預金を12,000保有している。自動更新契約であり、年1％の利息を6月30日と12月31日にそれぞれ1〜6月分と7〜12月分を受け取る。法人の会計年度は4月1日から3月31日である。

決算時

〈会計仕訳〉

借　方		貸　方	
未収収益 （B／S）	30*	特定資産受取利息 （正味・一般）	30

※ 未収利息の計算：$12,000 × 1\% × (90日／365日) = 30$

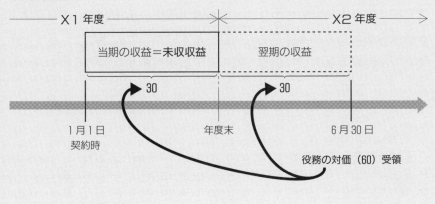

7 特殊な認識基準

特殊な収益の認識基準を定めたものに、工事契約会計基準があります。

この工事契約会計基準では、工事進行基準と工事完成基準の2つの工事に関する認識基準があります。

2 勘定科目

公益法人会計基準の運用指針には、正味財産増減計算書に係る勘定科目が掲げられています。

ここでは主な科目について解説します。

> 📖 詳しくは、新日本有限責任監査法人『平成29年2月改訂 公益法人・一般法人の会計・税務』(清文社、2017年) 220頁をご参照ください。

1 基本財産運用益

定款に定められている基本財産を運用して得られる収益です。公益法人会計基準の運用指針の中科目にもあるように、基本財産である預金・有価証券等に係る基本財産受取利息、基本財産受取配当金や、基本財産である不動産等を賃貸に供して得られる基本財産受取賃貸料等が該当します。

取引例

基本財産である不動産を12,000の後払いで賃貸しており、その賃貸期間は×0年6月1日から×1年3月31日までである。法人の会計年度は4月1日から3月31日である。年度末において賃貸料は未入金であった。

決算時

〈会計仕訳〉

借　方		貸　方	
未収入金 （B／S）	12,000	基本財産受取賃貸料 （正味・一般）	12,000

2 特定資産運用益

法人が特定の目的のために運用する資産から獲得する収益です。固定資産の内訳として特定資産の区分が設けられたことに伴い、収益項目としても区別することが必要となりました。中科目として、特定資産受取利息、特定資産受取配当金等があります。

3 受取会費

会費を徴収する法人の場合、その徴収によって発生するものが受取会費です。公益法人会計基準の運用指針では中科目として会員の種別ごと

に正会員受取会費、特別会員受取会費、賛助会員受取会費としています。受取会費も発生主義に従い、翌年度の会費を受け取った場合においては、当期の収益として認識するものではなく、前受会費として処理しなければなりません。また、当期の会費であってまだ受け取っていないものについては、未収会費として処理した上で、その回収可能性の疑わしさの程度に応じて、貸倒引当金を計上することになります。

取引例

翌年度分の会費 10,000 を受け取った。

会費受取時

借　方		貸　方	
現金預金 （B／S）	10,000	前受会費 （B／S）	10,000

■4 事業収益

　法人が営む事業から得られる収益です。中科目を事業内容・種類ごとに整理し、設ける必要があります。公益法人の事業は多岐にわたりますが、例えば出版物の売上、研修会の参加料等が挙げられます。また、年度末時点で、財貨や役務を提供しており、支払いを受けていないものについては、正味財産増減計算書上は収益として認識するとともに、貸借対照表上未収入金を計上します。

取引例

研修会の参加費 20,000 を受け取った。

参加費受領時

〈会計仕訳〉

借　方		貸　方	
現金預金 （B／S）	20,000	研修事業収益 （正味・一般）	20,000

5 受取負担金

　法人が事業を行うにあたり、必要な支出の一部または全部を受益者に負担させることによって得られる収益です。

取引例

　法人が借りている事務所の一部を貸している別団体から負担金 50,000 を受け取った。

負担金受取時

〈会計仕訳〉

借　方		貸　方	
現金預金 （B／S）	50,000	受取負担金 （正味・一般）	50,000

6 雑収益

　法人の事業目的から得られたものではなく、その他の付随的な収益です。重要性のあるものについては、中科目を設定することにより表示し、そうでないものに関しては雑収益として1つの勘定で表示させる必要

があります。

7 事業費

　法人の事業目的に使用した費用で、管理費以外のものです。内容が多岐にわたることから、その費用の内訳として必要に応じた中科目を設定する必要があります。

　中科目としては、給料手当、旅費交通費、通信運搬費、減価償却費、消耗品費、修繕費、光熱水料費、賃借料、保険料、諸謝金、租税公課、支払助成金、支払寄付金、委託費、雑費等があります。

8 管理費

　法人の管理経費であり、毎期経常的に発生する費用です。事業費と同様に内容が多岐にわたることから、その費用の内訳として必要に応じた中科目を設定する必要があります。

　公益法人会計基準の運用指針では、役員報酬、給料手当、会議費、旅費交通費、通信運搬費、減価償却費、消耗品費、修繕費、光熱水料費、賃借料、保険料、諸謝金、租税公課、支払利息、雑費等を挙げています。

9 基本財産評価損益等・特定資産評価損益等・投資有価証券評価損益等

　基本財産評価損益等は、一般正味財産を充当した基本財産に含められている投資有価証券に時価法を適用した場合における評価損益及び売却損益です。

　特定資産評価損益等は、一般正味財産を充当した特定資産に含められている投資有価証券に時価法を適用した場合における評価損益及び売却損益です。

　投資有価証券評価損益等は、投資有価証券に時価法を適用した場合に

おける評価損益及び売却損益です。

　取得原価主義においては資産の評価益は原則として計上しませんが、有価証券の会計処理について金融商品会計を導入したことに伴い、有価証券を時価評価した結果、生じた評価損益を当該科目で計上することになります。

10 固定資産売却損益・固定資産受贈益

　固定資産売却損益は、固定資産を売却したときに受け取った対価と資産簿価との差額を記帳する際の勘定科目です。また、固定資産受贈損益は、無償や低廉で固定資産を受け入れたときの時価との差額を記帳する際の勘定科目です。

3　共通収益・共通費用の取扱い

　公益法人会計基準では、「公益法人は、法令の要請等により、必要と認めた場合には会計区分を設けなければならない」と定められています。

　さらに、運用指針では、公益社団・財団法人が会計区分を有する場合には、公益目的事業会計、収益事業等会計、法人会計の3区分、移行法人が会計区分を有する場合には、実施事業等会計、その他会計、法人会計の3区分の貸借対照表内訳表及び正味財産増減計算書内訳表の様式がそれぞれ示されています（様式1－3、1－4、2－3、2－4）。

　このような会計区分の体系からすると、複数の会計で共通に発生する収益、費用が存在することになります。

> 　評価差額の取扱いについては、新日本有限責任監査法人『平成29年2月改訂 公益法人・一般法人の会計・税務』（清文社、2017年）127頁をご参照ください。

非営利法人委員会研究資料第 4 号(Q2)

　公益社団・財団法人において、共通収益である会費収入、補助金収入、寄付金収入、財産運用益等については認定法第 18 条の定め及び定款、会費規程、運用規則等に従って各会計に配賦する。移行法人では、特定の実施事業の対価収入又はその事業に特定されている収入及び法人において実施事業収入と定めた収入が、実施事業収入とされる（公益認定等ガイドラインⅡ－1(4)②）。また、実施事業資産から生じた収益について、原則として実施事業の収入とすることが定められている（整備法施行規則第 17 条）。

　共通費用については、使用割合や従事割合等、合理的な配賦基準に基づき各会計に配賦することが求められており、特に公益社団・財団法人の場合には、公益目的事業比率の算定に影響することが考えられるため、原則として適正な配賦基準に基づく配賦を行わなければならない（認定法施行規則第 19 条）。

　共通収益・共通費用を便宜的に一括して特定の会計において受け取った場合又は支払った場合には、会計間貸借関係となるため、受取時又は支払時には、○○会計勘定という相手会計勘定で処理し、その後、本来収益、費用が帰属すべき会計と受け取った又は支払った会計間で収益、費用の精算が行われる。

　なお、特定の会計から他の特定の会計に資産又は負債を振り替えて精算を行わない場合には会計間貸借でなく、他会計振替額を用いることとなる（Q5 参照）。

〈仕訳例〉

(1) 共通収益

　① 入金時

　　会費 66,000 を一括して法人会計の現金預金で受け入れた。受取会

費は会費規程により公益目的事業会計（共通）に50％、法人会計に50％を計上する。

（公益目的事業会計）			
法人会計（B/S）（注1）	33,000	受取会費（一般・共通）	33,000
（法人会計）			
現金預金（B/S）	66,000	受取会費（一般）	33,000
		公益目的事業会計（B/S）（注2）	33,000

（注1）公益目的事業会計における法人会計勘定は未収債権の性格の資産であり、内部勘定である。
（注2）法人会計における公益目的事業会計勘定は未払債務の性格の負債であり、内部勘定である。

② 精算時

公益目的事業会計に帰属すべき会費収入分の現金預金を法人会計から公益目的事業会計に振り替える。

（公益目的事業会計）			
現金預金（B/S）	33,000	法人会計（B/S）	33,000
（法人会計）			
公益目的事業会計（B/S）	33,000	現金預金（B/S）	33,000

(2) 共通費用

① 支払時

給料手当61,500を一括して法人会計の現金預金で支払った。従事割合によって配賦した給料の内訳は次のとおりである。

研修事業（公益）	13,000
資格認定事業（公益）	14,000
表彰事業（公益）	5,000
調査事業（公益）	12,500
収益事業等	4,000
法人	13,000
計	61,500

（公益目的事業会計）				
事業費－給料手当（一般・研修）	13,000	/	法人会計（B/S）（注１）	44,500
事業費－給料手当（一般・資格認定）	14,000			
事業費－給料手当（一般・表彰）	5,000			
事業費－給料手当（一般・調査）	12,500			
（収益事業等会計）				
事業費－給料手当（一般）	4,000	/	法人会計（B/S）（注１）	4,000
（法人会計）				
公益目的事業会計（B/S）（注２）	44,500	/	現金預金（B/S）	61,500
収益事業等会計（B/S）（注２）	4,000			
管理費－給料手当（一般）	13,000			

（注１）公益目的事業会計及び収益事業等会計における法人会計勘定は未払債務の性格の負債であり、内部勘定である。

（注２）法人会計における公益目的事業会計勘定及び収益事業等会計勘定は未収債権の性格の資産であり、内部勘定である。

② 精算時

公益目的事業会計及び収益事業等会計から支払われるべき給料分の現金預金を公益目的事業会計及び収益事業等会計から法人会計に振り替える。

（公益目的事業会計）				
法人会計（B/S）	44,500	/	現金預金（B/S）	44,500
（収益事業等会計）				
法人会計（B/S）	4,000	/	現金預金（B/S）	4,000
（法人会計）				
現金預金（B/S）	48,500	/	公益目的事業会計（B/S）	44,500
			収益事業等会計（B/S）	4,000

4 共通費用の配賦基準について

複数の事業に共通して発生する費用や、事業費と管理費とに共通してする費用については合理的な配賦基準を用いて配賦計算を行う必要があります。採用する配賦基準としては、以下が参考になります。

公益認定等ガイドラインⅠ-7(1)

(配賦基準)

配賦基準	適用される共通費用
建物面積比	地代、家賃、建物減価償却費、建物保険料等
職員数比	福利厚生費、事務用消耗品費等
従事割合	給料、賞与、賃金、退職金、理事報酬等
使用割合	備品減価償却費、コンピューターリース代等

配賦割合は毎期見直す場合もありますが、採用している配賦基準は、合理的な理由がある場合を除いて継続して採用する必要があります。なお、共通費用の配賦にあたっては、内閣府から公表されている以下のFAQが参考になります。

FAQ

問Ⅵ-2-③ (区分経理)
　共通費用は必ず配賦しなければならないのでしょうか。

答
1　事業費と管理費とに関連する費用で配賦することが困難な費用は管理費に配賦することができます。事業費のうち公益目的事業に係る事

業費と収益事業等に係る事業費とに関連する費用で配賦することが困難な費用は、収益事業等に係る事業費に配賦することができます（公益法人認定法施行規則第19条）。
2　公益目的事業に係る事業費で各事業に配賦することが困難な費用は、公益目的事業に関する会計の中で「共通」の会計区分を設けて配賦することができます。収益事業等に係る事業費で収益事業とその他の事業とに配賦することが困難な費用は、収益事業に係る費用に配賦することができます。収益事業又はその他の事業のそれぞれにおいて、各事業に配賦することが困難な費用はそれぞれの会計の中で「共通」の会計区分を設けて配賦することができます。

コラム

別表B　公益目的事業比率について

公益目的事業比率は、財務三基準の1つであり、総費用に占める公益目的事業費の割合を計算し、50％以上であることが求められています。

事業比率に何の心配もなければ、正味財産増減計算書の公益目的事業会計の事業費（経常費用）合計を分子、同じく正味財産増減計算書の経常費用合計を分母として計算した比率です。

事業比率が満たせない場合や、ボランティア等無償の役務の提供が、主たる活動である場合には、事業比率の計算で、みなし費用という概念を用いることが認められています。みなし費用は、事業費（経常費用）にプラスして事業比率を高めるためのものです。みなし費用には、特定費用準備資金、土地の使用に係る費用額、無償の役務提供等に係る費用額、融資に係る費用額があります。特定費用準備資金は、将来の特定の費用を予定した積立金であり、正味財産増減計算書には出てきませんが、

期末の貸借対照表には、「○○積立資産」として計上される性質のものです。また、認定ガイドラインより、特定費用準備資金は、貸借対照表上は、特定資産として処理することが求められています。別表は別表C(5)で計算します。その他の3つの費用は、いずれも機会費用として計算されるものであり、正味財産増減計算書にも貸借対照表にも計上されていない計算上の費用額です。それぞれ別表B(2)、(3)、(4)に必要事項を記載して、一度用いたら、原則的には、毎年度計算するものです。

第11章

注記、附属明細書及び財産目録

1 注記

1 注記の内容

注記とは、財務諸表を補足するために必要となるものです。

注記内容は、いずれも財務諸表利用者の理解を助けるために有用な情報であり、会計方針のように財務諸表を利用するにあたってその前提となる情報の開示や、担保や保証債務、後発事象等のように財務諸表本表のみでは読み取れない情報の補足等からなっており、公益法人会計基準では、以下のように記されています。

公益法人会計基準

第5 財務諸表の注記

財務諸表には、次の事項を注記しなければならない。

(1) 継続事業の前提に関する注記
(2) 資産の評価基準及び評価方法、固定資産の減価償却方法、引当金の計上基準等財務諸表の作成に関する重要な会計方針
(3) 重要な会計方針を変更したときは、その旨、変更の理由及び当該変更による影響額
(4) 基本財産及び特定資産の増減額及びその残高
(5) 基本財産及び特定資産の財源等の内訳
(6) 担保に供している資産
(7) 固定資産について減価償却累計額を直接控除した残額のみを記載した場合には、当該資産の取得価額、減価償却累計額及び当期末残高
(8) 債権について貸倒引当金を直接控除した残額のみを記載した場合には、当該債権の債権金額、貸倒引当金の当期末残高及び当該債権の当期末残高

(9) 保証債務（債務の保証を主たる目的事業とする公益法人の場合を除く。）等の偶発債務
(10) 満期保有目的の債券の内訳並びに帳簿価額、時価及び評価損益
(11) 補助金等の内訳並びに交付者、当期の増減額及び残高
(12) 基金及び代替基金の増減額及びその残高
(13) 指定正味財産から一般正味財産への振替額の内訳
(14) 関連当事者との取引の内容
(15) キャッシュ・フロー計算書における資金の範囲及び重要な非資金取引
(16) 重要な後発事象
(17) その他公益法人の資産、負債及び正味財産の状態並びに正味財産増減の状況を明らかにするために必要な事項

2 財務諸表に対する注記

以下、主な注記に関する運用指針での説明や記載例等を記載します。

1. 継続事業の前提に関する注記

　財務諸表は公益法人会計基準に準拠して作成されますが、当該会計基準は継続事業の前提を基礎としていると解されているため、理事者は財務諸表の作成にあたり、継続事業の前提が適切かどうかを評価することが求められます。

　その結果、貸借対照表日において、単独でまたは複合して継続事業の前提に重要な疑義を抱かせる事象または状況が存在する場合であって、当該事象または状況を解消し、または改善するための対応をしてもなお継続事業の前提に関する重要な不確実性が認められるときは、継続事業に関する事項として、以下の事項を財務諸表に注記します。

非営利法人委員会研究報告第21号（Q4）

① 当該事象又は状況が存在する旨及びその内容
② 当該事象又は状況を解消し、又は改善するための対応策
③ 当該重要な不確実性が認められる旨及びその理由
④ 財務諸表は、継続事業を前提として作成されており、当該重要な不確実性の影響を財務諸表に反映していない旨

文例1　当法人は、当事業年度において、当期一般正味財産増減額が〇〇百万円のマイナスとなり、当期指定正味財産増減額も〇〇百万円のマイナスを計上した結果、〇〇百万円の債務超過になっております。当該状況により、継続事業の前提に重要な疑義を生じさせるような状況が存在しております。

当法人は、当該状況を解消すべく、主要な会員である3社に対しそれぞれ〇〇百万円から〇〇百万円の寄附をお願いしております。

しかし、これらの対応策に関する先方の最終的な意思表示が行われていないため、現時点では継続事業の前提に関する重要な不確実性が認められます。

なお、財務諸表は継続事業を前提として作成しており、継続事業の前提に関する重要な不確実性の影響を財務諸表に反映しておりません。

文例2　当法人は、基本財産の運用収益を主な財源として事業活動を行ってきております。当事業年度においては、基本財産となっている株式の発行会社の配当が減配となり、経常収益は大幅に減少することとなりました。当該状況により、継続事業の前提に重要な疑義を生じさせるような状況が存在しております。

当法人においては、当該状況を解消すべく、奨学金の給付規模を縮小するとともに、〇〇名の人員削減を行い、併せて全法人ベースで費用の〇〇％削減を行う予定であります。
　しかし、これらの対応策を関係者との協議を行いながら進めている途中であるため、現時点では継続事業の前提に関する重要な不確実性が認められます。
　なお、財務諸表は継続事業を前提として作成しており、継続事業の前提に関する重要な不確実性の影響を財務諸表に反映しておりません。

　また、継続事業の前提に重要な疑義を抱かせる事象または状況の例としては以下のようなものが考えられます。
　・経常収益の著しい減少
　・債務超過
　・重要なマイナスの事業活動によるキャッシュ・フローの計上
　・新たな資金調達の困難性
　・債務免除の要請
　・重要な事業または取引先の喪失
　・事業活動に不可欠な重要な資産の毀損、喪失または処分
　・法令に基づく重要な事業の制約
　・巨額な損害賠償金の負担の可能性

2. 資産の評価基準及び評価方法、固定資産の減価償却方法、引当金の計上基準等財務諸表の作成に関する重要な会計方針

　資産評価には原価法、低価法等があり、固定資産の減価償却方法には定額法、定率法等があります。これら採用が認められる会計方針が複数ある場合には、どの会計方針を選択したのかを明示することが、財務諸表の利用には不可欠です。それゆえに、注記が求められます。
　また、消費税及び地方消費税の会計処理には税抜方式と税込方式とが

あり、また、税抜方式の場合は、資産に係る控除対象外消費税等についても、取得資産の原価に算入する方法等複数の処理方法があるため、採用した会計処理方法について記載する必要があります。

【記載例】

> 2．重要な会計方針
> (1) 有価証券の評価基準及び評価方法
>   1　満期保有目的の債券……償却原価法(定額法)によっている。
>   2　その他の有価証券
>   時価のあるもの……期末日の市場価格等に基づく時価法（売却原価は移動平均法により算定）によっている。
>   時価のないもの……移動平均法による原価法によっている。
> (2) 棚卸資産の評価基準及び評価方法
>   先入先出法による低価法によっている。
> (3) 固定資産の減価償却の方法
>   定額法によっている。
> (4) 引当金の計上基準
>   ・賞与引当金
>   職員に対する賞与の支給に備えるため、支給見込額のうち当期に帰属する額を計上している。
>   ・退職給付引当金
>   従業員・退職給付に備えるため、期末退職給与の自己都合要支給額に相当する金額を計上している。
>   ・役員退職慰労引当金
>   役員の退職慰労金の支給に備えるため、内規に基づく期末要支給額を計上している。
> (5) 消費税等の会計処理
>   消費税等の会計処理は、税込方式によっている。

3. 重要な会計方針を変更したときは、その旨、変更の理由及び当該変更による影響額

認められる会計方針から認められる会計方針への変更は、合理的な理由がある場合には可能です。その場合、会計方針変更の明示は財務諸表の利用に資する情報提供であることから、変更のあった旨、その理由及び当該変更による影響額の明示が求められています。

【記載例】

> 3．会計方針の変更
> 　従来、有形固定資産の減価償却の方法について、定率法（建物を除く）を適用していたが当会計年度より定額法を適用することに変更している。
> 　この変更は、…（変更理由を具体的に記載）を契機として、…（変更理由を具体的に記載）を鑑み、有形固定資産の減価償却方法について…（変更理由を具体的に記載）ために実施するものである。
> 　この変更に伴い、従来の方法によった場合と比較して、当期経常増減額及び当期一般正味財産額は、それぞれ××百万円増加している。

4. 基本財産及び特定資産の増減額及びその残高

公益法人特有の基本財産等の概念に係る情報提供を行うものです。基本財産の増減や残高の内訳は、公益法人の財産基盤を明示する重要な情報となります。

なお、減価償却費や評価損益を計上した場合、当期の増減額に反映させることになります。この結果、当期末残高は貸借対照表上の金額と一致します。

【記載例】

4．基本財産及び特定資産の増減額及びその残高

　基本財産及び特定資産の増減額及びその残高は、次のとおりである。

(単位：千円)

科　　　目	前期末残高	当期増加額	当期減少額	当期末残高
基本財産				
土　　地	30,000	0	0	30,000
投資有価証券	0	6,300	60	6,240
小　　計	30,000	6,300	60	36,240
特定資産				
減価償却引当資産	0	396	0	396
小　　計	0	396	0	396
合　　計	30,000	6,696	60	36,636

5．基本財産及び特定資産の財源等の内訳

　公益法人特有の基本財産等の概念に係る情報提供を行うものです。基本財産及び特定資産の財源等の内訳は、公益法人の財産基盤を明示する重要な情報となります。

【記載例】

5．基本財産及び特定資産の財源等の内訳

　基本財産及び特定資産の財源等の内訳は、次のとおりである。

(単位:千円)

科　　目	当期末残高	(うち指定正味財産からの充当額)	(うち一般正味財産からの充当額)	(うち負債に対応する額)
基本財産				
土　　地	30,000	(30,000)	(－)	－
投資有価証券	6,240	(6,240)	(－)	－
小　　計	36,240	(36,240)	(－)	－
特定資産				
減価償却引当資産	396	(－)	(396)	－
小　　計	396	(－)	(396)	－
合　　計	36,636	(36,240)	(396)	－

6．担保に供している資産

　資産を担保に供しているという事実は、貸借対照表本表からは読みとれないため、注記により開示を行います。

【記載例】

> 6．担保に供している資産
> 　建物5,784千円（帳簿価額）は、長期借入金5,000千円の担保に供している。

7．固定資産について減価償却累計額を直接控除した残額のみを記載した場合には、当該資産の取得価額、減価償却累計額及び当期末残高

　直接法により減価償却を行っている場合、貸借対照表本表からは固定資産の取得価額を読み取れないため、公益法人の財産的規模を把握すること等が難しくなります。そのため、注記により開示を行います。

【記載例】

> 7．固定資産の取得価額、減価償却累計額及び当期末残高
>   固定資産の取得価額、減価償却累計額及び当期末残高は、次のとおりである。
>
> （単位：千円）
>
> | 科　　　目 | 取得価額 | 減価償却累計額 | 当期末残高 |
> |---|---|---|---|
> | 建　　　物 | 6,000 | 2,400 | 3,600 |
> | 什器備品 | 700 | 252 | 448 |
> | 合　　　計 | 6,700 | 2,652 | 4,048 |

8．債権について貸倒引当金を直接控除した残額のみを記載した場合には、当該債権の債権金額、貸倒引当金の当期末残高及び当該債権の当期末残高

　直接控除した残額のみを注記した場合、貸借対照表本表からは債権金額や貸倒引当金の当期末残高を読み取れないため、信用供与の規模や回収不能見込等を把握することが難しくなります。そのため、注記により開示を行います。

【記載例】

> 8．債権の債権金額、貸倒引当金の当期末残高及び当該債権の当期末残高
>   債権の債権金額、貸倒引当金の当期末残高及び当該債権の当期末残高は、次のとおりである。
>
> （単位：千円）
>
> | 科　　　目 | 債権金額 | 貸倒引当金の当期末残高 | 債権当期末残高 |
> |---|---|---|---|
> | 受取手形 | 500 | — | 500 |
> | 未収会費 | 2,000 | 10 | 1,990 |
> | 未収金 | 10,000 | 100 | 9,900 |
> | 合　　　計 | 12,500 | 110 | 12,390 |

9. 保証債務（債務保証を主たる目的事業としている場合を除く）等の偶発債務

　債務保証を行っているという事実は、貸借対照表本表からは読み取れないため、注記により開示を行います。

　「保証債務等」には保証債務のほか、手形遡及義務や重要な係争事件に係る損害賠償義務、保証類似行為（保証予約または経営指導念書等の差入れ）等も含まれるものと解されます。

【記載例】

> 9．保証債務等の偶発債務
> (1) 従業員の金融機関からの住宅資金の借入金に対し、30,000千円の債務保証を行っている。
> (2) 受取手形の裏書譲渡高は、2,500千円である。

10. 満期保有目的の債券の内訳並びに帳簿価額、時価及び評価損益

　満期保有目的の債券は、満期まで保有すること等を要件として会計処理上での時価評価を要さないものとされています。しかし、満期保有目的の債券の時価は公益法人の資産運用に大きな影響を与えるものと考えられること等から、会計処理上で時価評価を行ったのと同じだけの情報を注記として開示することとされています。

【記載例】

> 10．満期保有目的の債券の内訳並びに帳簿価額、時価及び評価損益
> 　満期保有目的の債券の内訳並びに帳簿価額、時価及び評価損益は、次のとおりである。

📖 時価については、新日本有限責任監査法人『平成29年2月改訂 公益法人・一般法人の会計・税務』（清文社、2017年）130頁をご参照ください。

(単位:千円)

種類及び銘柄	帳簿価額	時　価	評価損益
第○○回利付国債	4,920	4,940	20
△△株式会社 　××回普通社債	2,031	2,010	△21
合　　計	6,951	6,950	△1

11. 補助金等の内訳並びに交付者、当期の増減額及び残高

　運営経費を国等からの補助金等に拠っている公益法人も多いです。いわゆる行政代行型公益法人はもちろん、それ以外の公益法人においても補助金等、国民の負担に帰する財源を示すことは重要な情報開示となります。

　また、公益法人会計基準注解(注13)において、補助金等が国または地方公共団体等の補助金等交付業務を実質的に代行する目的で法人に一時的に支払われ、法人が第三者への交付義務を負う場合は、当該補助金を預り補助金等として処理し、事業年度末における残高を負債の部に記載するものとされたため、貸借対照表における記載区分の欄が設けられています。記載にあたっては、指定正味財産増減の部から一般正味財産増減の部へ振り替えた際、当期減少額のみの記載となることに注意します。

【記載例】

11. 補助金等の内訳並びに交付者、当期の増減額及び残高
　　補助金等の内訳並びに交付者、当期の増減額及び残高は、次のとおりである。

(単位:千円)

補助金等の名称	交付者	前期末残高	当期増加額	当期減少額	当期末残高	貸借対照表上の記載区分
補助金						
○○国庫補助金	B省	—	1,000	1,000	—	—
○○国庫補助金	B省	—	5,000	45	4,955	指定正味財産
○○国庫補助金	B省	2,000	—	2,000	—	—
○○国庫補助金	B省	—	1,000	950	50	流動負債
合　　　計		2,000	7,000	3,995	5,005	

12. 基金及び代替基金の増減額及びその残高

　基金及び代替基金の受入額・返還額は、正味財産増減計算書において基金増減の部に記載されます。この受入額（＝増加額）・返還額（＝減少額）の内訳を示したのが当該注記です。

【記載例】

> 12. 基金及び代替基金の増減額及びその残高
>
> 　基金及び代替基金の増減額及びその残高は、次のとおりである。
>
> (単位:千円)
>
> | 科　　目 | 前期末残高 | 当期増加額 | 当期減少額 | 当期末残高 |
> |---|---|---|---|---|
> | 基金 | | | | |
> | ○○基金 | 100,000 | — | 10,000 | 90,000 |
> | 基金計 | 100,000 | — | 10,000 | 90,000 |
> | 代替基金 | | | | |
> | ○○基金 | — | 10,000 | — | 10,000 |
> | 代替基金計 | — | — | — | — |
> | 合　　計 | 100,000 | 10,000 | 10,000 | 100,000 |

13. 指定正味財産から一般正味財産への振替額の内訳

　正味財産から一般正味財産への振替額は、正味財産増減計算書の指定

正味財産増減の部に記載されます。この振替額の内訳を示したのが当該注記です。

【記載例】

13. 指定正味財産から一般正味財産への振替額の内訳
　　指定正味財産から一般正味財産への振替額の内訳は、次のとおりである。

(単位：千円)

内　　容	金　　額
経常収益への振替額	
減価償却費計上による振替額	45
基本財産受取利息	10
経常外収益への振替額	
建物火災損失計上による振替額	2,000
合　　計	2,055

14．関連当事者との取引の内容

　公益法人においては、一般企業以上に公益性が求められ、法人を私物化するようなことがあってはなりません。しかしながら、公益法人も一般企業と同様、特定の個人や法人と密接な関係を有していることがあります。そのため、これらの不透明な関係が不適切なものでないことを開示する必要から、関連当事者の概要や取引等の注記を行うことにより、企業会計（財務諸表等規則）と同レベルまで開示しています。ただし、一般企業と異なり出資の概念がないため公益法人に沿った規定となっています。
　公益法人会計基準注解（注17）において関連当事者の範囲と注記事項、及び重要性の基準について規定されており、それぞれの運用指針に詳細な指示が示されています。
　なお、法人規則の一部改正（平成21年8月1日施行）に伴い関連当事者

範囲等について、運用指針も所要の改正がなされています。

運用指針の6.(1)が示すとおり、公益法人の支配・被支配の判断や役員等の判断には、法的形式だけでなく、あくまでも実質を基準に行うことが重要です。例えば、「役員又は評議員及びそれらの近親者」を判断する場合は、相談役、顧問等の肩書きであっても、実質的に公益法人の経営に従事していると認められるときは役員に準ずる者として、関連当事者として扱われます。

ただし、関連当事者との間の取引のうち公益法人会計基準注解(注17)第3項に定める取引については、注記を要しないとされています。一般競争入札や預金利息・配当金等は、関連当事者にとって有利な取引条件となる恐れが少ないからです。この場合でも、「取引条件が一般の取引と同様であることが明白な取引」とされており、「明白」という文言が用いられていることから、安易に注記から除外することは厳に慎まなければなりません。そのほか、役員に対する報酬等についても注記を要しないこととされています。

公益法人会計基準注解(注17)第3項に定められている事項のほか、重要性のない取引については注記が省略できるとされ、運用指針6.(2)に定められています。

役員または評議員及びそれらの近親者との取引について、財務諸表項目に対する比率にかかわらず100万円を超える取引についてすべて開示対象としています。これは、公益法人の事業運営にあっては何よりも公益性が求められるにもかかわらず、大規模な法人においても過去に役員等が法人を私物化するような事件が起きており、一律に財務諸表項目に対する比率で開示の基準を設定することは不適切であると判断されたためと思われます。

【記載例】

14. 関連当事者との取引の内容

関連当事者との取引の内容は、次のとおりである。

属性	法人等の名称	住所	資産総額	事業の内容又は職業	議決権の所有割合	関係内容 役員の兼務等	関係内容 事業上の関係	取引の内容	取引金額	科目	期末残高
支配法人	特殊法人○○	○○都○区	××	○○補助事業			役務の提供	調査業務の受託（注1）	××	未収金	××
役員又は評議員及びそれらの近親者	△△			当法人顧問				土地の賃借（注2）債務保証（注3）	××	前払費用	××
役員又は評議員及びその近親者が議決権の過半数を所有している会社等	▲▲株式会社	○○都○区	××	印刷業	直接1%	兼任1人	役務の受入	印刷物の発注（注4）	××	未払金	××

取引条件及び取引条件の決定方針等

（注1）調査業務の受託については、同種業務の実績を勘案して一般的取引条件と同様に決定している。
（注2）本部施設及び駐車場として使用しており、近隣の地代を参考にした価格によっている。
（注3）△△の銀行借入（××千円、返済期日○年○月）につき債務保証を行ったものであり、年率××％の保証料を受領している。
（注4）印刷物の発注については、他社からも複数の見積りを入手し、市場の実勢価格を勘案して発注先及び価格を決定している。

15. 重要な後発事象

後発事象とは、貸借対照表日以降に発生した事象で、次期以降の財務状態及び運営状況に影響を及ぼすものをいいます。重要な後発事象のう

ち、決算日後に発生した事象ではありますが、その実質的な原因が決算日現在において既に存在している場合は、財務諸表の修正を行う必要があります。

　一方、決算日後において発生した事象で、当該事業年度の財務諸表には影響を及ぼさないが、翌事業年度以降の財務諸表に影響を及ぼす場合は、注記として情報開示する必要があります。

【記載例】

> 16．重要な後発事象
> 　退職金制度の一部について、平成○○年4月1日より確定給付年金制度から確定拠出年金制度に移行した。これにより、翌年度の当期一般正味財産増減額は○○円減少する見込である。

16．その他公益法人の資産、負債及び正味財産の状態並びに正味財産増減の状況を明らかにするために必要な事項

　ここでは、27年度報告において適用されることとなった企業会計基準のうち、実務上注記で記載されることの多かった会計基準について、参考として記載例を示します。

(1) 金融商品に関する注記

　金融商品の状況に関する事項として、金融商品の内容及びそのリスク、金融商品に関するリスク管理体制等に関する事項を注記することとなっています。その注記例は以下のとおりです。

【記載例】

> 　　　　　　金融商品の状況に関する注記例
> 1．金融商品に対する取組方針
> 　当法人は、公益目的事業の財源の相当部分を運用益によって賄うため、

債券、株式、投資信託により資産運用する。なお、デリバティブ取引は行わない方針である。
２．金融商品の内容及びそのリスク
　投資有価証券は、債券、株式、投資信託であり、発行体の信用リスク、市場価格の変動リスクにさらされている。
３．金融商品のリスクに係る管理体制
　①　資産運用規程に基づく取引
　　　金融商品の取引は、当法人の資産運用規程に基づき行う。
　②　信用リスクの管理
　　　債券については、発行体の状況を定期的に把握し、理事会に報告する。
　③　市場リスクの管理
　　　株式については時価を定期的に把握し、理事会に報告する。
　　　投資信託については、関連する市場の動向を把握し、運用状況を理事会に報告する。

(2) 資産除去債務に関する注記

　資産除去債務に関する会計基準を適用する場合、適用する年度において、会計方針の変更では次の例のような記載を行います。

【記載例】

会計方針の変更
　平成 28 年 3 月 23 日に「平成 27 年度　公益法人の会計に関する諸課題の検討結果について」（内閣府　公益認定等委員会　公益法人の会計に関する研究会）が公表され、公益法人においても資産除去債務に関する会計基準が適用されることが明確化されたため、当期より、「資産除去債務に関する会計基準」（企業会計基準第 18 号平成 20 年 3 月 31 日）及び「資産除去債務に関する会計基準の適用指針」（企業会計基準適用指針第

21号　平成20年3月31日）を適用しております。
　これにより、経常増減額はXXX円、経常外増減額はXXX円、一般正味財産増減額はXXX円減少しております。

その上で、以下のように資産除去債務の算定に係る注記を行います。

【記載例】

資産除去債務に関する事項
　当法人は、不動産賃貸借契約に基づき、退去時における原状回復に係る債務を資産除去債務として認識しています。
　なお、資産除去債務の負債計上に変えて、不動産賃貸借契約に係る敷金の回収が最終的に見込めないと認められる金額を合理的に見積もり、そのうち当期の負担に属する金額を費用に計上する方法によっております。
　この見積もりにあたり、使用見込期間は入居ビルの法定耐用年数を採用しております。
　当期において、敷金の回収が最終的に見込めないと認められる金額は、XXX円であります。

また、資産除去債務として認識すべき事項がありながらも、合理的にその金額を算定できない場合においては次の記載例のような記載が行われます。

【記載例】

　　当法人が区分所有している不動産については、建物の解体時に○○に関する除去債務が発生しますが、当該資産を除去する具体的な方法や時期が明確でないことから、資産除去債務を合理的に見積もることができません。そのため、当該債務に見合う資産除去債務を計上しておりません。

(3) 賃貸等不動産に関する注記

賃貸等不動産を所有している法人においては、当該不動産に係る注記が求められており、その注記例は以下のとおりです。

【記載例】

賃貸等不動産関係

当法人は東京都○○区において、賃貸用のオフィスビルである商業施設を有しております。平成X1年3月期における当該賃貸不動産に関する賃貸収益はXXX千円（賃貸収益は経常収益に、賃貸費用は事業費に計上されています）であります。

これら賃貸等不動産に関する貸借対照表計上額、期中増減額及び時価は、次のとおりです。

(単位：円)

貸借対照表計上額	
期首残高	XXX
期中増減額	△XX
期末残高	XXX
期末時価	XXXX

(注) 不動産については、主に「不動産鑑定評価基準」に基づいて自社で算定しました。

また、賃貸等不動産に関する損益は、次のとおりです。

(単位：円)

賃貸収益	XXXX
賃貸費用	XXX
賃貸損益	XXXX

2 附属明細書

附属明細書は、当該事業年度における貸借対照表及び正味財産増減計算書に係る事項を表示する書類です。附属明細書は、次に掲げる事項のほか、貸借対照表及び正味財産増減計算書の内容を補足する重要な事項を表示します。

① 基本財産及び特定資産の明細
② 引当金の明細

なお、財務諸表の注記に記載している場合には、附属明細書においては、その旨の記載をもって内容の記載は省略することができます。

3 財産目録

1 財産目録の内容

財産目録とは、すべての資産及び負債につき、その名称、数量、使用目的、価額等を詳細に表示した書類です。

なお、財産目録は財務諸表の範囲から除かれています。

2 財産目録の作成のポイント

財産目録作成のポイントは、以下のとおりです。

① 財産目録の価額は、貸借対照表記載の価額と同一であり、勘定内訳表や各種の補助元帳を参考にする必要があります。
② 科目によっては、金額だけではなく数量情報も必要である。例えば、土地について面積を記載します。
③ 財産目録については、各会計別の作成は要求されていません。

第12章

公益法人の会計に関する諸課題の検討

本章では、公益法人会計基準の実務上の取扱いや、内閣府に設置されている公益法人の会計に関する研究会での検討結果等について解説します。

1 公益法人会計基準における実務上の検討課題

1 寄付者等の意思

指定正味財産と一般正味財産の区分への対応について、寄付者等による意思確認が必要な場面もあると考えられます。寄付者等の意思とは、使途・処分または保有形態についての制約のことであり、寄付金の場合は不明瞭であることも多く、本来は寄付の受入れ時に寄付申請書へ記入してもらうことが望ましいと考えられます。受け入れた資産は、保有形態に関する意思により、必要に応じて基本財産・特定資産に区分します。また、遺贈による場合等、過去に遡って寄付者の意思を確認することが困難である場合も多いですが、当該寄付者の意思を関係者に聞いたり、寄付規程等寄付者の意思の範囲で具体的な事業を特定することができる等の場合には、明確な使途の制約があるものと考えられます（26年度報告参照）。

2 税効果会計への対応

公益法人会計基準では、原則として税効果会計を適用することとなっています。これに関して下記の公益法人会計基準注解で重要性の原則の適用が示されるとともに、実務指針では概要が示されています。法人税法上の収益事業を実施している場合には、税効果会計への対応を検討する必要があります。

📖 詳細については、新日本有限責任監査法人『平成29年2月改訂 公益法人・一般法人の会計・税務』（清文社、2017年）332頁をご参照ください。

3 会計監査への対応

　一般社団・財団法人は、大規模一般社団法人（最終事業年度の負債の部に計上した額の合計額が200億円以上の一般社団法人）及び大規模一般財団法人（最終事業年度の負債の部に計上した額の合計額が200億円以上の一般財団法人）において会計監査人を置かなければなりません。

　また、公益社団・財団法人は、損益計算書の収益または費用及び損失の額が、それぞれ1,000億円以上の法人または貸借対照表の負債の部に計上した額の合計額が50億円以上の法人は会計監査人を置かなければなりません。また、大規模一般社団・財団法人以外の一般社団・財団法人は、自主的に定款で会計監査人の設置を定めることができます（法人法第60条第2項、第170条第2項）。

　そもそも法律上、監事による監査が規定されているところですが、監事の資格要件が明示されているわけではないため、会計監査について必ずしも実効性を伴っていない可能性があります。上述のような規模の大きい法人にあっては、特に会計が複雑になっているため、外部の独立した監査人が会計監査を行うことにより、財務諸表の信頼性が格段に向上し、法人にとっては寄付者・会員等をはじめとする利害関係者に対して受託財産の運営に関する説明責任を果たす一助になります。

　外部監査を導入するメリットとしては、①財務諸表の信頼性付与、②公益法人会計基準に準拠した経理指導、③内部統制の整備指導といった面が挙げられるでしょう。企業会計（会社法・金融商品取引法）監査においては、昨今の国内外の企業における重大な不正経理事件を受けて、不正に対する発見、牽制という面がより期待されるようになっています。

　それを受けて公認会計士の監査も、監査に関する基準が相次いで改正され、内部統制の評価に重点を置くようになってきています。昨今の公益法人の認定取消事例の中には、財産の不正流用等、経理的基礎に起因するものも多く、公益法人における外部監査に対する期待は企業と同様

であると考えられます。一般に公益法人は企業と比較して人員規模が小さく内部統制の整備には障害もあると思われますが、不正が起こり社会的信用を失った場合の影響は計り知れません。

したがって、外部監査に対しては法人の事業活動の結果として表示される財務諸表が適正であるかどうかを検証してもらうというだけでなく、内部統制・内部管理体制を整備していく上で専門家のアドバイスを受けるというメリットにも着目すべきです。

2　公益法人制度への対応

いわゆる一連の制度改革に関しては第1章で述べたところですが、各法人にとっては会計基準以上に関心が高いと考えられます。本書は会計・税務に関するものですが、簡単に解説することとします。

公益法人制度は平成20年以降、従来の仕組みから、公益性の高い団体（公益社団・財団法人）と、それ以外の団体（一般社団・財団法人）の2つに大きく改組されています。公益法人の公益性の認定等に関しては、公益法人制度関連法の1つである認定法が平成18年6月に公布されています。

認定法では、第5条として公益認定の基準を定めているので、以下に掲げます。なお、この法律では公益目的の事業とは、「事業学術、技芸、事前その他の公益に関する下記の別表各号に掲げる種類の事業であって、不特定かつ多数の者の利益の増進に寄与するものをいう。」と定められ、23の事業が別表に掲げられています。

認定法第5条

（公益認定の基準）

第5条　行政庁は、前条の認定（以下「公益認定」という。）の申請をした一般社団法人又は一般財団法人が次に掲げる基準に適合すると認めるときは、当該法人について公益認定をするものとする。

一　公益目的事業を行うことを主たる目的とするものであること。

二　公益目的事業を行うのに必要な経理的基礎及び技術的能力を有するものであること。

三　その事業を行うに当たり、社員、評議員、理事、監事、使用人その他の政令で定める当該法人の関係者に対し特別の利益を与えないものであること。

四　その事業を行うに当たり、株式会社その他の営利事業を営む者又は特定の個人若しくは団体の利益を図る活動を行うものとして政令で定める者に対し、寄附その他の特別の利益を与える行為を行わないものであること。ただし、公益法人に対し、当該公益法人が行う公益目的事業のために寄附その他の特別の利益を与える行為を行う場合は、この限りでない。

五　投機的な取引、高利の融資その他の事業であって、公益法人の社会的信用を維持する上でふさわしくないものとして政令で定めるもの又は公の秩序若しくは善良の風俗を害するおそれのある事業を行わないものであること。

六　その行う公益目的事業について、当該公益目的事業に係る収入がその実施に要する適正な費用を償う額を超えないと見込まれるものであること。

七　公益目的事業以外の事業（以下「収益事業等」という。）を行う場合には、収益事業等を行うことによって公益目的事業の実施に支

障を及ぼすおそれがないものであること。

八　その事業活動を行うに当たり、第15条に規定する公益目的事業比率が100分の50以上となると見込まれるものであること。

九　その事業活動を行うに当たり、第16条第2項に規定する遊休財産額が同条第1項の制限を超えないと見込まれるものであること。

十　各理事について、当該理事及びその配偶者又は3親等内の親族（これらの者に準ずるものとして当該理事と政令で定める特別の関係がある者を含む。）である理事の合計数が理事の総数の3分の1を超えないものであること。監事についても、同様とする。

十一　他の同一の団体（公益法人又はこれに準ずるものとして政令で定めるものを除く。）の理事又は使用人である者その他これに準ずる相互に密接な関係にあるものとして政令で定める者である理事の合計数が理事の総数の3分の1を超えないものであること。監事についても、同様とする。

十二　会計監査人を置いているものであること。ただし、毎事業年度における当該法人の収益の額、費用及び損失の額その他の政令で定める勘定の額がいずれも政令で定める基準に達しない場合は、この限りでない。

十三　その理事、監事及び評議員に対する報酬等（報酬、賞与その他の職務遂行の対価として受ける財産上の利益及び退職手当をいう。以下同じ。）について、内閣府令で定めるところにより、民間事業者の役員の報酬等及び従業員の給与、当該法人の経理の状況その他の事情を考慮して、不当に高額なものとならないような支給の基準を定めているものであること。

十四　一般社団法人にあっては、次のいずれにも該当するものであること。

　イ　社員の資格の得喪に関して、当該法人の目的に照らし、不当に

差別的な取扱いをする条件その他の不当な条件を付していないものであること。
　　ロ　社員総会において行使できる議決権の数、議決権を行使することができる事項、議決権の行使の条件その他の社員の議決権に関する定款の定めがある場合には、その定めが次のいずれにも該当するものであること。
　　　(1)　社員の議決権に関して、当該法人の目的に照らし、不当に差別的な取扱いをしないものであること。
　　　(2)　社員の議決権に関して、社員が当該法人に対して提供した金銭その他の財産の価額に応じて異なる取扱いを行わないものであること。
　　ハ　理事会を置いているものであること。
十五　他の団体の意思決定に関与することができる株式その他の内閣府令で定める財産を保有していないものであること。ただし、当該財産の保有によって他の団体の事業活動を実質的に支配するおそれがない場合として政令で定める場合は、この限りでない。
十六　公益目的事業を行うために不可欠な特定の財産があるときは、その旨並びにその維持及び処分の制限について、必要な事項を定款で定めているものであること。
十七　第29条第1項若しくは第2項の規定による公益認定の取消しの処分を受けた場合又は合併により法人が消滅する場合（その権利義務を承継する法人が公益法人であるときを除く。）において、公益目的取得財産残額（第30条第2項に規定する公益目的取得財産残額をいう。）があるときは、これに相当する額の財産を当該公益認定の取消しの日又は当該合併の日から1箇月以内に類似の事業を目的とする他の公益法人若しくは次に掲げる法人又は国若しくは地方公共団体に贈与する旨を定款で定めているものであること。

イ　私立学校法（昭和24年法律第270号）第3条に規定する学校法人

　　ロ　社会福祉法（昭和26年法律第45号）第22条に規定する社会福祉法人

　　ハ　更生保護事業法（平成7年法律第86号）第2条第6項に規定する更生保護法人

　　ニ　独立行政法人通則法（平成11年法律第103号）第2条第1項に規定する独立行政法人

　　ホ　国立大学法人法（平成15年法律第112号）第2条第1項に規定する国立大学法人又は同条第3項に規定する大学共同利用機関法人

　　ヘ　地方独立行政法人法（平成15年法律第118号）第2条第1項に規定する地方独立行政法人

　　ト　その他イからヘまでに掲げる法人に準ずるものとして政令で定める法人

十八　清算をする場合において残余財産を類似の事業を目的とする他の公益法人若しくは前号イからトまでに掲げる法人又は国若しくは地方公共団体に帰属させる旨を定款で定めているものであること。

公益目的の事業とは、具体的には以下のものを指します。

認定法別表（第2条関係）

一　学術及び科学技術の振興を目的とする事業
二　文化及び芸術の振興を目的とする事業
三　障害者若しくは生活困窮者又は事故、災害若しくは犯罪による被害者の支援を目的とする事業
四　高齢者の福祉の増進を目的とする事業

五　勤労意欲のある者に対する就労の支援を目的とする事業

六　公衆衛生の向上を目的とする事業

七　児童又は青少年の健全な育成を目的とする事業

八　勤労者の福祉の向上を目的とする事業

九　教育、スポーツ等を通じて国民の心身の健全な発達に寄与し、又は豊かな人間性を涵養することを目的とする事業

十　犯罪の防止又は治安の維持を目的とする事業

十一　事故又は災害の防止を目的とする事業

十二　人種、性別その他の事由による不当な差別又は偏見の防止及び根絶を目的とする事業

十三　思想及び良心の自由、信教の自由又は表現の自由の尊重又は擁護を目的とする事業

十四　男女共同参画社会の形成その他のより良い社会の形成の推進を目的とする事業

十五　国際相互理解の促進及び開発途上にある海外の地域に対する経済協力を目的とする事業

十六　地球環境の保全又は自然環境の保護及び整備を目的とする事業

十七　国土の利用、整備又は保全を目的とする事業

十八　国政の健全な運営の確保に資することを目的とする事業

十九　地域社会の健全な発展を目的とする事業

二十　公正かつ自由な経済活動の機会の確保及び促進並びにその活性化による国民生活の安定向上を目的とする事業

二十一　国民生活に不可欠な物資、エネルギー等の安定供給の確保を目的とする事業

二十二　一般消費者の利益の擁護又は増進を目的とする事業

二十三　前各号に掲げるもののほか、公益に関する事業として政令で定めるもの

事業に関する公益性の判断については、認定法のあと、認定令、認定規則といった政令及び府省令、その他円滑な制度運用のために「公益認定等ガイドライン」や「公益目的事業のチェックポイントについて」等が公表されていますが、いずれにしても我が国の社会・経済動向を見据えて自らを客観的に見ることが必要でしょう。その上で公益社団・財団法人を目指すのか、一般社団・財団法人を維持するのか、あるいは営利企業を選択するのかといった選択が必要となります。

　公益認定の基準には数値化されるものが多いのが特徴ですが、この数値は各法人の計算書類等を基礎として算定されます。

　各法人は、法人が法令上作成する計算書類等を作成するのに見合った会計基準を適用する必要があるので、以下に掲げる項目に見られるように、事業の公益性と会計基準との結びつきは今まで以上に強まっているといえます。

① 公益目的事業比率
② 収支相償
③ 遊休財産
④ 公益目的保有財産
⑤ 特定費用準備資金
⑥ 資産取得資金　　等

3 定期提出書類への対応

■1 公益社団・財団法人の定期提出書類

　公益社団・財団法人は、不特定かつ多数の者の利益の増進に寄与するために活動することが求められるため、その事業運営において透明性が確保されていなければなりません。このような観点から、公益社団・財

団法人は、事業計画、事業報告等に関する書類の作成・提出・開示が求められています。

　公益社団・財団法人は、毎事業年度開始の日の前日までに、当該事業年度の事業計画書、収支予算書及び資金調達及び設備投資の見込みを記載した書類（以下「事業計画書等」）を作成し、主たる事務所等に備え置く必要があります。

　事業計画書等については毎事業年度開始の日の前日までに、行政庁へ提出する必要があります。

　また、法人法で定める計算書類等（貸借対照表、損益計算書、事業報告、附属明細書）、財産目録、役員等名簿、役員等の報酬等の支給の基準を記載した書類、キャッシュ・フロー計算書、運営組織及び事業活動の状況の概要及びこれらに関する数値のうち重要なものを記載した書類（以下「事業報告等に係る提出書類」）を作成し、主たる事務所等に備え置く必要があります。事業報告等に係る提出書類については、毎事業年度経過後3か月以内に、行政庁に提出する必要があります。

　行政庁では、事業計画書等及び事業報告等に係る提出書類において、認定申請書に記載されている公益目的事業がその記載どおりに実施されているか、公益目的事業比率が50％を超えていないか、特定費用準備資金及び資産取得資金等が計画どおりに使用されているか等を確認して、必要に応じて、立入検査、勧告、命令、公益認定の取消等の措置を講じることがあります。このため、公益社団・財団法人は認定申請書とほぼ同等の書類を毎事業年度、適時に作成する必要があることに留意します。

2 移行法人の定期提出書類

　移行法人は、行政庁に公益目的支出計画の実施の完了の確認が終わるまでの間、公益目的支出計画に定めたところにしたがって、公益目的のための支出を適正に行う必要があります。そのため、整備法では移行法

人に対し、公益目的支出計画の実施状況を明らかにする書類（以下「公益目的支出計画実施報告書」）等の作成・開示・提出を求めています。

　移行法人は、事業年度ごとに、公益目的支出計画実施報告書を作成する必要があります。また移行法人は、法人法で定める計算書類等（貸借対照表、損益計算書、事業報告、附属明細書）を作成し、主たる事務所等に備え置く必要があります。公益目的支出計画実施報告書及び計算書類等については、毎事業年度経過後3か月以内に、行政庁に提出する必要があります。

　行政庁では、移行法人の公益目的支出計画の履行を確保するため、必要に応じて、立入検査、勧告、命令等の必要な措置を講じることがあります。移行法人においても、公益目的支出計画の実施の完了の確認が終わるまでの間は行政庁の監督下にあるため、適時に公益目的支出計画実施報告書及び計算書類等を作成する必要があります。

4 内訳表の活用について

1 内訳表とは

1．内訳表作成上参考となる研究資料

　公益法人会計基準では、会計区分について「公益法人は、法令の要請等により必要と認めた場合には会計区分を設けなければならない」と規定され、公益法人会計基準の運用指針で内訳表の様式が示されています。

　内訳表作成で参考となるのが、研究資料です。当該研究資料に基づき、内訳表について以下解説します。

　当該研究資料は、公益法人会計基準を適用する公益社団・財団法人、移行法人等を対象とするもので、貸借対照表内訳表及び正味財産増減計算書内訳表の作成手順と会計処理の一例を示し、事例を補足するための

留意事項をQ&Aとしてまとめたものです。

2．内訳表の作成が要求されるケース

法令上の規定等により、内訳表の作成が要求されるケースは、次のとおりです。

	公益社団・財団法人	移行法人	その他の法人
貸借対照表内訳表	収益事業等から生じた収益のうち50%を超えて公益目的事業財産に繰り入れる法人は作成される	原則として作成が要求される	作成は要求されない
正味財産増減計算書内訳表	原則として作成が要求される	原則として作成が要求される	作成は要求されない

研究資料では「Ⅲ 個別の留意事項 1．会計区分に関する関係法令等」において、内訳表作成の要否が詳細に説明されています。

研究資料

Ⅲ 個別の留意事項

1．会計区分に関する関係法令等

> Q1　「会計区分」に係る法令・ガイドライン・運用指針の内容を説明してください。

A　公益法人会計基準の総則4において「公益法人は、法令の要請等により、必要と認めた場合には会計区分を設けなければならない」と定められている。

会計区分に係る主な取扱いをまとめると次のとおりである。

(1) 公益社団・財団法人の場合

　　会計区分について、法令上は次の①に記載のとおり収益事業等の区分経理について規定されている。3区分等の具体的な会計区分の取扱いは公益認定等ガイドラインで示され、また、貸借対照表内訳表及び

正味財産増減計算書内訳表の様式は運用指針で示されている。

① 認定法

> （収益事業等の区分経理）第19条収益事業等に関する会計は、公益目的事業に関する会計から区分し、各収益事業等ごとに特別の会計として経理しなければならない。

② 公益認定等ガイドライン

> Ⅰ－18　認定法第19条関係〈収益事業等の区分経理〉
> (1) 認定法第19条の「各収益事業ごとに特別の会計として経理する」際の事業単位については、当該法人の収益事業等のうち、まず①収益事業と②その他の事業（注）を区分し、次に必要に応じ、事業の内容、設備・人員、市場等により、更に区分する。…（注）…②の「その他の事業」には、法人の構成員を対象として行う相互扶助等の事業が含まれる。…
> (2) 計算書類の作成について、①損益計算書（正味財産増減計算書）は、内訳表において会計を公益目的事業に関する会計（公益目的事業会計）、収益事業等に関する会計（収益事業等会計）及び管理業務やその他の法人全般に係る事項（公益目的事業や収益事業等に属さない事項）に関する会計（法人会計）の3つに区分し、更に上記(1)の区分に応じて収益事業等ごとに表示する。内訳表においては公益目的事業も事業ごとに表示する。認定法第7条第2項第2号の「収支予算書」の作成も同様とする。②貸借対照表は、収益事業等から生じた収益のうち50％を超えて公益目的事業財産に繰り入れる法人については、内訳表において会計を公益目的事業に関する会計（公益目的事業会計）、収益事業等に関する会計（収益事業等会計）及び管理業務やその他の法人全般に係る事項（公益目的事業や収益事業等に属さない事項）に関する会計（法人会計）の3つに区分して表示する。

③ 運用指針(様式)

> 13　様式について
> (様式1－3) 公益社団・財団法人が会計区分を有する場合には、貸借対照表の内訳表として以下のように表示する。(様式1－3)…
> (様式2－3) 公益社団・財団法人の会計区分については、正味財産増減計算書の内訳表として以下のように表示する。なお、会計区分のうち公益目的事業内の区分については、法人が事業の内容に即して集計単位を定めることができる。(様式2－3)…

(2) 移行法人の場合

　会計区分について、法令上は次の①に記載のとおり実施事業等に係る区分を明らかにしなければならないと規定されており、損益計算書(正味財産増減計算書)については公益認定等ガイドラインにおいて、その具体的な方法として内訳表の作成が求められている。また、貸借対照表内訳表及び正味財産増減計算書内訳表の様式は運用指針で示されている。

① 整備法施行規則

> (移行法人の計算書類) 第42条整備法第127条第3項の規定により提出する貸借対照表は、実施事業資産を区分して明らかにしなければならない。
> 2 整備法第127条第3項の規定により提出する損益計算書は、次に掲げる区分を設けて表示するとともに、各区分において実施事業等に係る額を明らかにしなければならない。この場合において、各区分は、適当な項目に細分することができる。
> 　　一　経常収益
> 　　二　事業費
> 　　三　管理費
> 　　四　経常外収益
> 　　五　経常外費用

② 公益認定等ガイドライン

Ⅱ－4　移行法人の計算書類について（整備規則第42条関係）移行法人が行政庁に提出する計算書類の作成について、損益計算書（正味財産増減計算書）は、内訳表において実施事業等に関する会計（実施事業等会計）を他と区分し、更に実施事業等ごとに表示する。整備規則第31条第5号の「収支予算書」の作成も同様とする。

③ 運用指針（様式）

13　様式について
（様式1－4）
移行法人が会計区分を有する場合には、貸借対照表の内訳表として以下のように表示する。（様式1－4）…

（様式2－4）
移行法人の会計区分は、正味財産増減計算書の内訳表として以下のように表示する。（様式2－4）…

　なお、移行法人が実施事業資産を区分する方法として、ＦＡＱ（移行法人の計算書類）では、貸借対照表内訳表において実施事業等会計、その他会計及び法人会計に3区分する方法のほか、貸借対照表に実施事業資産を注記する方法も示されている。

3．貸借対照表内訳表及び正味財産増減計算書内訳表の様式

　この研究資料QAで省略されている、運用指針記載の様式は、次のとおりです。

> **公益法人会計基準の運用指針（様式1-3）**
>
> （様式1-3）
> 　公益社団・財団法人が会計区分を有する場合には、貸借対照表の内訳表として以下のように表示する。

(1) 正味財産増減計算書内訳表の作成

　平成16年改正基準では、特別会計を設けている場合、会計区分ごとに貸借対照表及び正味財産増減計算書を作成し、総括表により法人全体を表示することとしました。これは、会計単位の財務諸表を作成したうえで、その総括表を作成するという、会計単位優先的な考え方といえます。

　これに対して、公益法人会計基準では、法人全体の財務諸表及び附属明細書並びに財産目録を基本とし、会計区分ごとの情報は、貸借対照表内訳表及び正味財産増減計算書内訳表において表示することとしました。これは、財務諸表を法人単位で作成したうえで、その内訳表を作成するという、法人単位優先的な考え方といえます。

(2) 内訳表の活用方法

　内訳表は、一般的に法令の要請等により、必要と認めた場合に作成されるものですが、正確に作成されれば経営管理上有用な情報を提供するため、ただ作成するだけではなく、積極的に活用するという視点も重要です。

① 貸借対照表内訳表

　貸借対照表内訳表においては、会計区分ごとの資産、負債及び正味財産残高を把握することができるため、会計区分ごとの資産管理及び投資等の意思決定に有用な情報として、活用することができます。

　具体的には、会計区分別の資金需要を把握し、無駄のない事業投資が可能となります。

② 正味財産増減計算書内訳表

　正味財産増減計算書内訳表においては、会計区分ごとの収益、費用及び正味財産増減を把握することができるため、会計区分ごとの正味財産増減及び事業活動状況を把握及び法人内の部門管理として、正味財産増減計算書内訳表を活用することができます。

　具体的には、不採算の会計区分を識別することにより、不採算事業の継続の可否を検討することが可能となります。また、不採算の会計区分がある場合には、共通費用の配賦基準が実態に合っていないこと等の情報を提供する場合があります。

2 共通収益・共通費用について

　内訳表作成上、複数の会計で共通に発生する収益、費用が存在します。これらの取扱いについては、研究資料「Ⅲ 個別の留意事項　2．共通収益・共通費用の取扱い」が参考となります。

研究資料

Ⅲ 個別の留意事項

2．共通収益・共通費用の取扱い

> Q2　複数の会計区分で共通に発生する収益及び費用についての会計上の取扱いはどのようになるでしょうか。

A　公益法人会計基準において、「公益法人は、法令等の要請により必要と認めた場合には会計区分を設けなければならない」と定められている。

　さらに、運用指針では、公益社団・財団法人が会計区分を有する場合には、公益目的事業会計、収益事業等会計、法人会計の3区分、移行法人が会計区分を有する場合には、実施事業等会計、その他会計、法

人会計の3区分の貸借対照表内訳表及び正味財産増減計算書内訳表の様式がそれぞれ示されている（様式1-3、1-4、2-3、2-4）。

　以上の会計区分の体系からすると、公益法人の収益、費用は各会計区分に計上されることになるが、特定の会計だけでなく、複数の会計で共通に発生する収益、費用が存在する。

　公益社団・財団法人において、共通収益である会費収入、補助金収入、寄付金収入、財産運用益等については認定法第18条の定め及び定款、会費規程、運用規則等に従って各会計に配賦する。移行法人では、特定の実施事業の対価収入又はその事業に特定されている収入及び法人において実施事業収入と定めた収入が、実施事業収入とされる（公益認定等ガイドラインⅡ-1(4)②）。また、実施事業資産から生じた収益について、原則として実施事業の収入とすることが定められている（整備法施行規則第17条）。

　共通費用については、使用割合や従事割合等、合理的な配賦基準に基づき各会計に配賦することが求められており、特に公益社団・財団法人の場合には、公益目的事業比率の算定に影響することが考えられるため、原則として適正な配賦基準に基づく配賦を行わなければならない（認定法施行規則第19条）。

　共通収益・共通費用を便宜的に一括して特定の会計において受け取った場合又は支払った場合には、会計間貸借関係となるため、受取時又は支払時には、○○会計勘定という相手会計勘定で処理し、その後、本来収益、費用が帰属すべき会計と受け取った又は支払った会計間で収益、費用の精算が行われる。

　なお、特定の会計から他の特定の会計に資産又は負債を振り替えて精算を行わない場合には会計間貸借でなく、他会計振替額を用いることとなる（Q5参照）。

〈仕訳例〉
(1) 共通収益
① 入金時

会費 66,000 を一括して法人会計の現金預金で受け入れた。受取会費は会費規程により公益目的事業会計（共通）に 50％、法人会計に 50％を計上する。

（公益目的事業会計）			
法人会計（B/S）（注1）	33,000	受取会費（一般・共通）	33,000
（法人会計）			
現金預金（B/S）	66,000	受取会費（一般）	33,000
		公益目的事業会計（B/S）（注2）	33,000

(注1) 公益目的事業会計における法人会計勘定は未収債権の性格の資産であり、内部勘定である。
(注2) 法人会計における公益目的事業会計勘定は未払債務の性格の負債であり、内部勘定である。

② 精算時

公益目的事業会計に帰属すべき会費収入分の現金預金を法人会計から公益目的事業会計に振り替える。

（公益目的事業会計）			
現金預金（B/S）	33,000	法人会計（B/S）	33,000
（法人会計）			
公益目的事業会計（B/S）	33,000	現金預金（B/S）	33,000

(2) 共通費用
① 支払時

給料手当 61,500 を一括して法人会計の現金預金で支払った。従事割合によって配賦した給料の内訳は次のとおりである。

研修事業（公益）	13,000
資格認定事業（公益）	14,000

表彰事業（公益）	5,000
調査事業（公益）	12,500
収益事業等	4,000
法人	13,000
計	61,500

（公益目的事業会計）				
事業費 - 給料手当（一般・研修）	13,000	法人会計（B/S）（注１）	44,500
事業費 - 給料手当（一般・資格認定）	14,000		
事業費 - 給料手当（一般・表彰）	5,000		
事業費 - 給料手当（一般・調査）	12,500		
（収益事業等会計）			
事業費 - 給料手当（一般）	4,000	法人会計（B/S）（注１）	4,000
（法人会計）			
公益目的事業会計（B/S）（注２）	44,500	現金預金（B/S）	61,500
収益事業等会計（B/S）（注２）	4,000		
管理費 - 給料手当（一般）	13,000		

（注１）公益目的事業会計及び収益事業等会計における法人会計勘定は未払債務の性格の負債であり、内部勘定である。

（注２）法人会計における公益目的事業会計勘定及び収益事業等会計勘定は未収債権の性格の資産であり、内部勘定である。

② 精算時

公益目的事業会計及び収益事業等会計から支払われるべき給料分の現金預金を公益目的事業会計及び収益事業等会計から法人会計に振り替える。

（公益目的事業会計）			
法人会計（B/S）	44,500	現金預金（B/S）	44,500
（収益事業等会計）			
法人会計（B/S）	4,000	現金預金（B/S）	4,000
（法人会計）			
現金預金（B/S）	48,500	公益目的事業会計（B/S）	44,500
		収益事業等会計（B/S）	4,000

3 共用資産・共用負債について

内訳表作成上、複数の会計で使用する資産、複数の会計にまたがる負

債が存在します。これらの取扱いについては、研究資料「Ⅲ 個別の留意事項　3．共用資産・共用負債の取扱い（使用割合等の変更に伴う会計処理を含む。）」が参考となります。

研究資料

Ⅲ 個別の留意事項

3．共用資産・共用負債の取扱い（使用割合等の変更に伴う会計処理を含む。）

> Q3　複数の会計区分で共用する資産・負債についての会計上の取扱いは、どのようになるでしょうか。

A　公益法人の資産・負債は、各会計区分に計上されることになる。しかし、資産・負債のなかには、特定の会計だけではなく、複数の会計で使用する資産（以下「共用資産」という。）や、特定の会計の負債でなく複数の会計にまたがる負債（以下「共用負債」という。）が存在する。

　共用資産は、例えば、複数の会計にまたがり共通して使用する、建物、什器備品等である。共用負債は、例えば、複数の会計にまたがり従事する職員の賞与引当金や退職給付引当金等である。

　共用資産・共用負債については、可能な限り特定の会計への物理的な跡付けを行い、その跡付けに従って、直接、当該会計に計上する。物理的に特定の会計への跡付けが困難な場合には、使用割合等が高い特定の会計の資産・負債として一括計上し、共通的に発生する収益・費用を各会計へ使用割合、従事割合等の配賦基準により按分することが可能である。

　物理的に特定の会計への跡付けが困難な例として、以下のようなケースが考えられる。

① 建物、車両、什器備品等の１つの資産を、複数の会計で共用して使用している場合
② 複数の会計で共通に発生する費用の未払金や未払費用
③ 賞与引当金、退職給付引当金等で、１人に対する繰入額について複数の会計で費用を按分している場合

〈仕訳例１〉

什器備品Ａは、各会計で共通で使用しているが、使用割合が高い公益目的事業会計に一括して計上している。

什器備品Ａの減価償却費は3,000であり、使用割合により算定された各事業の減価償却費は、以下のとおりである。

研修事業（公益）　　　1,500
資格認定事業（公益）　　300
表彰事業（公益）　　　　300
調査事業（公益）　　　　150
出版事業（収益）　　　　450
管理業務（法人）　　　　300
計　　　　　　　　　　3,000

```
（公益目的事業会計）
事業費‐減価償却費（一般・研修）    1,500    什器備品（B/S）             3,000
事業費‐減価償却費（一般・資格認定）  300
事業費‐減価償却費（一般・表彰）     300
事業費‐減価償却費（一般・調査）     150
収益事業等会計（B/S）（注１）      450
法人会計（B/S）（注１）           300
 （収益事業等会計）
事業費‐減価償却費（一般・出版）     450    公益目的事業会計(B/S)(注２)  450
 （法人会計）
管理費‐減価償却費（一般）         300    公益目的事業会計(B/S)(注２)  300
```

（注１）　公益目的事業会計における収益事業等会計勘定及び法人会計勘定は未収債権

の性格の資産であり、内部勘定である。
(注2) 収益事業等会計及び法人会計における公益目的事業会計勘定は未払債務の性格の負債であり、内部勘定である。

〈仕訳例2〉

従事割合によって配賦している未払給料手当の内訳は次のとおりである。公益目的事業会計に一括計上している。

研修事業（公益）	13,000
資格認定事業（公益）	14,000
表彰事業（公益）	5,000
調査事業（公益）	12,500
収益事業等（収益）	4,000
管理業務（法人）	13,000
計	61,500

```
（公益目的事業会計）
事業費-給料手当（一般・研修）      13,000  / 未払給料手当（B/S）           61,500
事業費-給料手当（一般・資格認定） 14,000
事業費-給料手当（一般・表彰）      5,000
事業費-給料手当（一般・調査）     12,500
収益事業等会計（B/S）（注1）       4,000
法人会計（B/S）（注1）            13,000
（収益事業等会計）
事業費-給料手当（一般）            4,000  / 公益目的事業会計（B/S）（注2）  4,000
（法人会計）
管理費-給料手当（一般）           13,000  / 公益目的事業会計（B/S）（注2） 13,000
```

(注1) 公益目的事業会計における収益事業等会計勘定及び法人会計勘定は未収債権の性格の資産であり、内部勘定である。
(注2) 収益事業等会計及び法人会計における公益目的事業会計勘定は未払債務の性格の負債であり、内部勘定である。

〈仕訳例3〉

退職給付引当金は、公益目的事業会計に一括して計上している。退職

給付引当金への繰入額は、55,000 であり、従事割合により算定された各事業の退職給付費用は、以下のとおりである。

研修事業（公益）	10,000
資格認定事業（公益）	10,000
表彰事業（公益）	5,000
調査事業（公益）	10,000
出版事業（収益）	5,000
管理業務（法人）	15,000
計	55,000

```
（公益目的事業会計）
事業費 - 退職給付費用（一般・研修）10,000   退職給付引当金（B/S）      55,000
事業費 - 退職給付費用（一般・資格認定）
                              10,000
事業費 - 退職給付費用（一般・表彰） 5,000
事業費 - 退職給付費用（一般・調査）10,000
  収益事業等会計（B/S）（注1）    5,000
  法人会計（B/S）（注1）         15,000
（収益事業等会計）
事業費 - 退職給付費用（一般）     5,000  /  公益目的事業会計(B/S)（注2） 5,000
（法人会計）
管理費 - 退職給付費用（一般）    15,000  /  公益目的事業会計(B/S)（注2）15,000
```

（注1） 公益目的事業会計における収益事業等会計勘定及び法人会計勘定は未収債権の性格の資産であり、内部勘定である。

（注2） 収益事業等会計及び法人会計における公益目的事業会計勘定は未払債務の性格の負債であり、内部勘定である。

〈仕訳例4〉

〈仕訳例1〉から〈仕訳例3〉の公益目的事業会計と収益事業等会計及び法人会計の内部勘定の精算を現金預金で行った。

```
（公益目的事業会計）
 現金預金（B/S）              37,750  ／  収益事業等会計（B/S）（注1） 9,450
                                        法人会計（B/S）（注2）     28,300
（収益事業等会計）
 公益目的事業会計（B/S）（注1） 9,450  ／  現金預金（B/S）            9,450
（法人会計）
 公益目的事業会計（B/S）（注2）28,300  ／  現金預金（B/S）           28,300
```

（注1） 450 + 4,000 + 5,000 = 9,450
（注2） 300 + 13,000 + 15,000 = 28,300

Q4 会計区分の物理的な特定が困難な場合の共用資産・共用負債の財産目録の記載方法は、どのようになるでしょうか。

A 会計区分の物理的な特定が困難な場合の共用資産・共用負債の財産目録の記載は、会計区分ごとに計上していないため以下のようにまとめて記載する方法が考えられる。

［前提］共用資産・負債の期末残高

　　什器備品・・・・・・ 12,000
　　未払金・・・・・・・ 61,500
　　退職給付引当金・・・325,000

<u>財　産　目　録</u>
平成　年　月　日現在

(単位：円)

貸借対照表科目	場所・物量等	使用目的等	金額
（流動資産）			
流動資産合計			
（固定資産） 基本財産 特定資産 その他固定資産　什器備品	A　1点	公益目的保有財産であり、公益目的事業、収益事業等、管理業務で使用している共用資産である。	12,000

固定資産合計				
資産合計				
（流動負債）	未払金	職員に対する未払額	職員○○名に対する未払給料であり、公益目的事業、収益事業等、管理業務にまたがる共用負債である。	61,500
流動負債合計				
（固定負債）	退職給付引当金	職員に対するもの	職員○○名に対する退職金の支払に備えたものであり、公益目的事業、収益事業等、管理業務にまたがる共用負債である。	325,000
固定負債合計				
負債合計				
正味財産				

> Q5　直接、特定の会計区分に計上されていた共用資産・共用負債の使用割合等が変更された場合の取扱いは、どのようになるでしょうか。

A　共用資産・共用負債で特定の会計区分に計上している場合であっても、使用割合等が変更になる場合がある。例えば、収益事業で使用していた貸室のスペースを公益事業に変更する場合などである。この場合には、共用資産の計上される会計区分の変更になるため、会計間での移動を行う。

〈仕訳例1〉
(1) 収益事業等会計に計上されている建物45,000のうち半分に当たる22,500について、公益目的事業に使用割合が変更された。なお、22,500は、後日、収益事業等会計から公益目的事業会計に現金預金で対価の精算を行う予定である。

（公益目的事業会計）			
建物（B/S）	22,500	収益事業等会計（B/S）（注1）	22,500
（収益事業等会計）			
公益目的事業会計（B/S）（注2）	22,500	建物（B/S）	22,500

(注1) 公益目的事業会計における収益事業等会計勘定は未払債務の性格の負債であり、内部勘定である。

(注2) 収益事業等会計における公益目的事業会計勘定は未収債権の性格の資産であり、内部勘定である。

(2) 後日、公益目的事業会計と収益事業等会計の内部勘定の精算を現金預金で行った。

（公益目的事業会計）			
収益事業等会計（B/S）	22,500	現金預金（B/S）	22,500
（収益事業等会計）			
現金預金（B/S）	22,500	公益目的事業会計（B/S）	22,500

〈仕訳例2〉

　上記のような使用割合等の変更により会計区分が変更される場合は、資産を譲り受ける会計から資産を譲り渡す会計への対価の支払が必要になる。対価の提供を伴わない場合は、以下の設例のような他会計振替額の処理が必要になる。ただし、Q8に記載のとおり、認定法第18条の規定により、公益目的事業会計から収益事業等会計及び法人会計への振替はできない（一般社団・財団法人については各会計間の振替は可能）。

・収益事業等会計に計上されている建物45,000のうち半分に当たる22,500について、公益目的事業に使用割合が変更された。なお、収益事業等会計から公益目的事業会計への22,500の対価の精算は行わない。

（公益目的事業会計）			
建物（B/S）	22,500	他会計振替額（一般）（注1）	22,500
（収益事業等会計）			
他会計振替額（一般）（注2）	22,500	建物（B/S）	22,500

(注1) 公益目的事業会計の収益事業等会計からの建物の受入れは、正味財産の増加であり、当該他会計振替額は、正味財産増減計算書内訳表上、「当期経常外増減額」と「当期一般正味財産増減額」との間に表示される内部勘定である。

(注2) 収益事業等会計から公益目的事業会計への建物の引渡しは、正味財産の減少であり、当該他会計振替額は、正味財産増減計算書内訳表上、「当期経常外増減額」と「当期一般正味財産増減額」との間に表示される内部勘定である。

Q5について、〈仕訳例1〉の対価の精算を行うケースと、〈仕訳例2〉の他会計振替額の処理を行うケースについて、以下貸借対照表例で補足します。

〈前提〉

(公益目的事業会計)

借 方		貸 方	
現金預金	30,000	正味財産	30,000

(収益事業等会計)

借 方		貸 方	
建物	45,000	正味財産	45,000

〈仕訳例1〉

(公益目的事業会計)

借 方		貸 方	
現金預金	7,500	正味財産	30,000
建物	22,500		

(収益事業等会計)

借 方		貸 方	
現金預金	22,500	正味財産	45,000
建物	22,500		

第12章 公益法人の会計に関する諸課題の検討

〈仕訳例2〉

（公益目的事業会計）

借　方		貸　方	
現金預金	30,000	正味財産	52,500
建物	22,500		

（収益事業等会計）

借　方		貸　方	
建物	22,500	正味財産	22,500

　〈仕訳例1〉は、取引後に公益目的事業会計と収益事業等会計の正味財産が不変なのに対し、〈仕訳例2〉は収益事業等会計から公益目的事業会計へ、正味財産が22,500移転していることがわかります。なお、公益目的事業会計から収益事業等会計及び法人会計への振替を許すと、公益目的事業財産額が適切な手続を経ないで減額されることとなります。認定法第18条の規定により、公益目的事業会計から収益事業等会計及び法人会計への振替はできないとされるのは、このためです。

4 事業費・管理費について

　事業費と管理費の区分については、研究資料「Ⅲ　個別の留意事項　4．事業費・管理費」が参考となります。

研究資料

Ⅲ 個別の留意事項

　4．事業費・管理費

　　Q6　事業費と管理費について公益認定等ガイドラインの取扱いを教えてください。

A 公益認定等ガイドラインⅠ-7(1)において、事業費と管理費の定義は次のとおりとされている。

> ⅰ 事業費：当該法人の事業の目的のために要する費用
> ⅱ 管理費：法人の事業を管理するため、毎年度経常的に要する費用
> （管理費の例示）
> 　総会・評議員会・理事会の開催運営費、登記費用、理事・評議員・監事報酬、会計監査人監査報酬。
> （事業費に含むことができる例示）
> 　専務理事等の理事報酬、事業部門の管理者の人件費は、公益目的事業への従事割合に応じて公益目的事業費に配賦することができる。
> 　管理部門（注）で発生する費用（職員の人件費、事務所の賃借料、光熱水費等）は、事業費に算入する可能性のある費用であり、法人の実態に応じて算入する。
> 　（注）　管理部門とは、法人本部における総務、会計、人事、厚生等の業務を行う部門である。
> （公益認定等ガイドラインより抜粋）

Q7　共通費用の配賦基準にはどのようなものがありますか。

A 複数の事業に共通して発生する費用や、事業費と管理費とに共通して発生する費用については、合理的な配賦基準を用いて配賦計算を行う必要がある。採用する配賦基準としては、公益認定等ガイドラインⅠ-7(1)に例示されている以下のものが参考になる。

配賦基準	適用される共通費用
建物面積比	地代、家賃、建物減価償却費、建物保険料等
職員数比	福利厚生費、事務用消耗品費等
従事割合	給料、賞与、賃金、退職金、理事報酬等
使用割合	備品減価償却費、コンピューターリース代等

配賦割合は毎期見直す場合もあるが、採用している配賦基準は、合理的な理由がある場合を除いて継続して採用する必要がある。

なお、共通費用の配賦に当たっては、内閣府から公表されている以下のＦＡＱも参考となる。

> ＦＡＱ（区分経理）
> 共通費用は必ず配賦しなければならないのでしょうか。
>
> 答
> 1　事業費と管理費とに関連する費用で配賦することが困難な費用は管理費に配賦することができます。事業費のうち公益目的事業に係る事業費と収益事業等に係る事業費とに関連する費用で配賦することが困難な費用は、収益事業等に係る事業費に配賦することができます（公益法人認定法施行規則第19条）。
> 2　公益目的事業に係る事業費で各事業に配賦することが困難な費用は、公益目的事業に関する会計の中で「共通」の会計区分を設けて配賦することができます。
>
> 　収益事業等に係る事業費で収益事業とその他の事業とに配賦することが困難な費用は、収益事業に係る費用に配賦することができます。収益事業又はその他の事業のそれぞれにおいて、各事業に配賦することが困難な費用はそれぞれの会計の中で「共通」の会計区分を設けて配賦することができます。

公益認定等ガイドラインⅠ-7(1)に例示されている配賦基準以外に、適当と判断した基準があれば、それを採用して構わないこととされています。さらに、配賦基準は過去の活動実績、関連費用のデータ等から法人において合理的と考える程度のものを決めればよく、その算定根拠を詳細かつ具体的に記載することは求めておらず、法人においてデータ採取等のために多大な事務負担をかける必要はないとされています（FAQ

問Ⅴ-3-②答2)。

5 「他会計振替額」について

「他会計振替額」については、研究資料「Ⅲ 個別の留意事項 5．他会計振替額」と「他会計からの繰入額・繰出額」が参考となります。

研究資料

Ⅲ 個別の留意事項

5．「他会計振替額」と「他会計からの繰入額・繰出額」

> Q8 正味財産増減計算書内訳表の「他会計振替額」とはどのような場合に使用されるのでしょうか。

A 他の会計区分における収益又は利益を振り替える会計区分間の取引が発生した場合、正味財産増減計算書内訳表上、「当期経常外増減額」と「当期一般正味財産増減額」の間に「他会計振替額」として表示する。

「他会計振替額」は会計区分間の資産及び負債の移動（内部貸借取引を除く。）を意味しており、収益・費用の按分を処理する科目ではない。

なお、認定法第18条の規定により、公益目的事業会計から収益事業等会計及び法人会計への振替はできない（一般社団・財団法人については各会計間の振替は可能）。

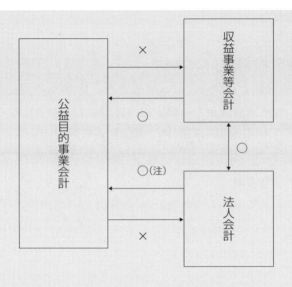

(注) 認定法施行規則第 26 条第 8 号に定められる定款又は社員総会若しくは評議員会において、公益目的事業のために使用し、又は処分する旨を定めた額に相当する財産の移動は可能。

> Q9 平成 16 年改正基準の「他会計からの繰入額」及び「他会計への繰出額」と、「他会計振替額」の違いはあるのでしょうか。

A 平成 16 年改正基準の「他会計からの繰入額」及び「他会計への繰出額」は、「毎年度経常的に他会計から繰り入れられる金銭等」であり、平成 20 年基準の「他会計振替額」は、「内訳表に表示した収益事業等からの振替額」と定義される。

平成 16 年改正基準の「他会計からの繰入額」及び「他会計への繰出額」が正味財産増減計算書総括表の経常増減の部に表示されるのに対して、「他会計振替額」は正味財産増減計算書内訳表の経常増減の部・経常外増減の部とは区別した正味財産増減として表示される点で異なる。

したがって、平成 20 年基準において、「他会計振替額」とは別に

「他会計からの繰入額」及び「他会計への繰出額」を使用することは認められないと考えられる。

> Q10　収益事業等から公益事業への利益の繰入額はどのように計算するのでしょうか。

A　公益社団・財団法人は、収益事業等から生じた利益の50％を公益目的事業財産に繰り入れる必要がある（認定法第18条第4号、認定法施行規則第24条）。

収益事業等から生じた利益は、収益事業等会計の当期一般正味財産増減額（税引前）ら、管理費のうち収益事業等に按分される額を控除して計算されることになる（公益認定等ガイドラインⅠ−5(2)①（注1））。公益目的事業や収益事業等に直接紐づけることのできない費用であっても、各事業の収益獲得に貢献しているためである。

> Q11　収益事業等会計の管理費相当額の算定方法について教えてください。

A　公益社団・財団法人が、収益事業等から公益事業に繰り入れる利益の額を計算するに当たっては、管理費のうち収益事業等に按分される額を計算する必要がある。按分方法については、特に法令等の定めはなく、合理的な基準であれば認められる。

管理費の按分は、収益事業等会計の利益の額を適切に算定するために行う処理である。そのため、管理費の按分基準としては、応益負担の考え方、すなわち、共通費用の配賦基準と同様に、管理費の発生に関連のある物量基準を用いることが望ましい。物量基準としては、使用割合や従事割合のほか、事業費比率などを用いることも考えられる。

また、共通費用の配賦基準と同様に、管理費の按分基準についても合理的な理由がある場合を除いて継続して採用する必要がある。

[計算事例]

　下のような正味財産増減計算書内訳表が作成される法人においては、管理費相当額、公益事業への利益の繰入額は以下のように計算される。なお、管理費は事業費の比率で按分し、収益事業等から生じた利益の50％を公益事業に繰り入れるものとする。また、収益事業に対して課される税金は、税引前当期一般正味財産増減額の40％という前提を置く。

　なお、当設例において、税効果会計は考慮していない。

(1) 管理費相当額の計算

　　収益事業等に按分される管理費 30
　　＝管理費 100 ×収益等事業費 300 ／（公益事業費 700 ＋収益等事業費 300）

(2) 収益事業等会計から生じた利益の計算

　　収益事業等会計から生じた利益 110
　　＝収益事業等会計の利益 140 －収益事業等会計の管理費相当額 30

(3) 利益の繰入額（他会計振替額）の計算

　　公益事業への利益の繰入額 55
　　＝収益事業等会計から生じた利益 110 × 50 ％

正味財産増減計算書内訳表

(単位：円)

科　　目	公益目的事業会計	収益事業等会計	法人会計	内部取引消去	合計
Ⅰ　一般正味財産増減の部					
1．経常増減の部					
(1)　経常収益					
事業収益	500	290	100		890
その他収益	100	150			250
経常収益計	600	440	100		1,140
(2)　経常費用					
事業費	700	300			1,000
管理費			100		100

242

経常費用計	700	300	100	1,100
評価損益等調整前当期経常増減額	△100	140		40
投資有価証券評価損益等				
当期経常増減額	△100	140		40
2．経常外増減の部				
(1) 経常外収益	15			15
(2) 経常外費用	10			10
当期経常外増減額	5			5
他会計振替額	55	△55		0
税引前当期一般正味財産増減額	△40	85		45
法人税、住民税及び事業税		34		34
当期一般正味財産増減額	△40	51		11
一般正味財産期首残高	100	100	100	300
一般正味財産期末残高	60	151	100	311
Ⅱ 指定正味財産増減の部				
以下省略				

> **Q12** 収益事業等の利益の繰入れを50％にした場合、貸借対照表の区分表示はしなくてよいのでしょうか。

A 公益社団・財団法人が収益事業等を行う場合は、収益事業等から生じた利益の50％は公益目的事業財産に繰り入れることになっている（認定法第18条第4号、認定法施行規則第24条）。法人によっては、公益目的事業の財源確保のために50％を超えて利益を繰り入れることも可能である（認定法第18条第4号、認定法施行規則第26条第7号及び第8号）。公益目的事業や収益事業等の状況、事業計画等により法人が総合的に判断し選択することになる。どちらを選択するにしても正味財産増減計算書は、会計を公益目的事業会計、収益事業等会計、法人会計に区分して経理し、内訳表を作成するものとされる（公益認定等ガイドラインⅠ－18(2)）。

一方、貸借対照表は、収益事業等の利益の50％を超えて公益目的

事業財産へ繰り入れる場合は、内訳表において会計毎の区分表示が求められている（公益認定等ガイドラインⅠ－18⑵）。正味財産増減計算書と同様に公益目的事業会計、収益事業等会計、法人会計に3区分した内訳表を作成するものである。この内訳表は、利益の50％超を繰り入れる場合にのみ限定されており、ご質問の50％を繰り入れる場合は、貸借対照表の会計区分による内訳表の作成は要請されていない。

運用指針13の様式1－3では、公益社団・財団法人が会計区分を有する場合の貸借対照表の内訳表が表示されている。これは法令等で作成が要請されている場合の様式として示されているものであり、財務諸表として当然に内訳表を作成すべきとされているものではない。

ただし、一旦50％超を繰り入れた場合は、法人の選択によりその後の繰入れが50％に留まった場合でも、表示の継続性から内訳表の作成を維持することが適当である。

1. 収益事業等から公益事業への利益の繰入額

公益認定上、公益目的事業の収支相償判定と公益目的事業会計全体の収支相償判定の2段階で収支相償の判定を行います。第1段階の公益目的事業の収支相償では公益目的事業単体で判定を行い、第2段階の公益目的事業会計全体の収支相償では収益事業等から生じた利益の繰入額を加味して判定を行うこととなります。

公益目的事業単体では、経常外収益及び経常外費用を含まないで収支相償の判定を行うのに対し、収益事業から生じた利益の繰入額については、経常外収益及び経常外費用を含めた利益を用いるため、経常外収益は公益目的事業会計で発生し、経常外費用は収益事業で発生したほうが、収支相償上有利となります。

収支相償を有利にするために会計数値を操作することは許されないこ

とが実務上の留意点といえるでしょう。

2. 管理費の配賦

　管理費については、配賦しなければ法人会計の費用になってしまいます。これは、配賦可能な管理費を配賦しなければ、その他の会計区分の利益が過大に計算されてしまうため、適切な損益計算が阻害され、ひいては収支相償上不利になる可能性があります。

　管理費は合理的な範囲で、漏れなく公益目的事業会計または実施事業等会計に配賦することにより、公益認定上または公益目的支出計画上有利になるので留意ください。

5　公益法人の会計に関する研究会

　内閣府公益認定等委員会は、公益法人の会計に関する実務上の課題、公益法人を取り巻く新たな環境変化に伴う会計事象等に的確に対応する観点から、公益法人の会計の諸課題について検討するため、公益法人の会計に関する会計研究会（以下「会計研究会」）を設置しました。各年度の研究報告の概要については以下のとおりです。

1 平成26年度報告

項　　目	概　　要
収支相償の剰余金の解消計画の1年延長	収支相償の剰余金の解消のための対応策の検討猶予を確保し、効果的な公益目的事業の拡大を実現する観点から、剰余金の解消計画立案について1年延長が認められた
剰余金の解消理由	収支相償の剰余金の解消の説明として、一定の要件を満たすケースについて金融資産の取得が認められる点が明記された

指定正味財産の考え方	指定正味財産について、指定の範囲について具体的な事例が示された
正味財産増減計算書内訳表における法人会計区分の義務づけの緩和の検討	収益事業等を実施していない法人について、法人会計区分の省略が容認された
正味財産増減計算書内訳表における期首及び期末正味財産残高の記載方法	残高の表示方法は、貸借対照表の単位ごとに記載すべきことが示された
小規模法人の負担軽減策の検討	小規模法人に限定した負担軽減策の導入は困難と結論づけられた
公益法人会計基準の設定主体	内閣府公益認定等委員会が会計基準の設定主体であるとともに行政の当事者であることから、民間第三者に会計基準の設定を求める声があり、今後も広く議論を深めていくことが示された
法人類型ごとの適用する会計基準の明確化	公益目的支出計画が完了した一般法人や公益認定申請を予定していない一般法人等も非営利法人であることから、経営実態に応じて優先的に公益法人会計基準の適用を検討すべきことが明らかにされた

■2 平成27年度報告

項　　目	概　　要
退職給付会計基準	退職給付会計基準については、企業会計において、原則法における退職給付見込み額の算定について改訂があったが、公益法人においても、当該改訂内容を含め、退職給付会計基準が適用されるべきことが明らかになった
金融商品会計基準	企業会計では、金融商品会計基準が改訂され、①「金融商品の状況に関する事項」、②「金融商品の時価等に関する事項」について注記が求められており、①については公益法人にも一定の範囲で注記が求められ、②については、現行の取扱に変更がないことが示された
リース取引会計基準	公益法人についても、リース取引会計基準が適用されることが明示された

棚卸資産会計基準	棚卸資産会計基準は、公益法人会計基準と相違がないため、棚卸資産の評価については現行どおりとすることが示された
工事契約会計基準	公益法人についても、工事契約会計基準が適用されることが明示された
資産除去債務会計基準	公益法人についても、資産除去債務会計基準が適用されることが明示された
賃貸等不動産会計基準	公益法人についても、賃貸等不動産会計基準が適用されることが明示された
過年度遡及会計基準	研究報告では、公益法人については過年度遡及会計基準によらない場合でも、公正妥当と認められる会計慣行であるとされているが、実務指針については、同基準に準拠すべきことが求められている
固定資産の減損に係る会計基準	固定資産の減損に係る会計基準については、現行のとおりとすることが示された

3 平成28年度報告

項　　目	概　　要
公益目的取得財産残額の算定方法（別表H）の検討	定期提出書類の別表Hについて、簡便的な計算方法が検討された
定期提出書類の記載内容の明確化（剰余金の発生理由・解消計画の記載例等）	剰余金の発生理由・解消計画の記載の留意事項、記載例が提示された
公益法人会計基準等の一覧性の向上・整合性の確保	会計基準の一覧性を高めるため、公益法人会計基準、同注解、同運用指針の統合版が作成され、FAQのポイントや会計基準の関係を明瞭に示すために、FAQ早見表が作成された（資料2、3）
異常値の発生への対応（特定費用準備資金を取崩す場合の公益目的事業比率）	特定の年度の公益目的事業費の大部分を特定費用準備資金の取崩しによって賄う場合に公益目的事業比率を満たさないケースが発生しており、これにつき、現段階で何らかの対応を行うとの結論には至らず、公益目的事業比率算定上、特定費用準備資金を取り崩す額については費用から控除される仕組みであることを各法人が十分に認識して適切に活用していくことが

	示された
特定費用準備資金の運用の点検及び遊休財産額算定の際に控除される財産の明確化	①将来の収支変動に備えて積み立てる特定費用準備資金についての一般的な要件や、②遊休財産額算定上の控除対象財産への繰入れの考え方について、検討を続けることが明らかにされた

第13章

公益法人の税制

1 公益法人を取り巻く税制の概要

　日常生活を送る上で各種税金を納付しますが、税金を課税する主体は誰か、すなわちどこへ税金を納めるかという観点によると、国税と地方税の大きく2つに分かれます。

　公益法人税制においては、公益社団・財団法人に対しては、公益目的事業以外の事業（以下、本章において収益事業とは税法上の収益事業をいう）について収益事業課税が適用されます（公益目的事業に該当する事業は収益事業から除かれる）。一方、一般社団・財団法人に移行する場合には、「非営利型法人」に該当する場合を除いて、原則としてすべての所得が課税対象となります。印紙税や固定資産税等については、従来の公益法人税制における場合と同様、一定の事由に該当する場合には非課税措置があります。このような優遇税制が設けられている理由は、公益法人が本来的に行う公益を目的とする事業、すなわち公益事業の助成、保護、育成等を図るところにあります。

2 公益法人制度について

　公益法人制度と公益法人に対する法人税制上の関係は、下図のようになります。

【法人の区分】

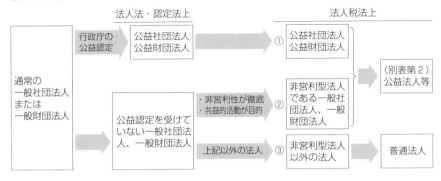

　公益法人制度においては、行政庁から公益認定を受けた公益社団・財団法人について、その収益事業の範囲から公益目的事業に該当するものを除外するという制度が新たに設けられました。一方、公益認定を受けていない一般社団・財団法人は、上表の②または③に該当するものとして、②の場合は収益事業課税、③の場合はすべての所得に対して課税されることになります。②の非営利型法人である一般社団・財団法人とは、非営利性が徹底された法人（その行う事業により利益を得ることまたはその得た利益を分配することを目的としない法人であって、その事業を運営するための組織が適正であるものとして政令で定めるもの）と共益的活動を目的とする法人（その会員から受け入れる会費により当該会員に共通する利益を図るための事業を行う法人であって、その事業を運営するための組織が適正であるものとして政令で定めるもの）をいいます。

　この非営利性が徹底された法人と共益的活動を目的とする法人の要件は、政令で定められており（法令第3条）、それぞれ、すべての要件に該当する必要があります。

　法人税制以外にも、公益法人を取り巻く税制には、消費税、所得税（法人が受け取る利息や配当等に関するもの、法人に対する寄附金に関するもの）、印紙税、事業税、住民税、事業所税、固定資産税があります。公

益法人の税制について、その具体的な取扱いについては次頁以降に掲載する内閣府で公表している資料をご参照ください。

📖 公益法人を取り巻く諸税制については新日本有限責任監査法人『平成29年2月改訂 公益法人・一般法人の会計・税務』(清文社、2017年) 371頁をご参照ください。

1 寄附税制（寄附を行った者に係る税制）

		公益社団・財団法人	特例民法法人	一般社団・財団法人
国税	法人税	特定公益増進法人	○主務大臣の認定を受けたもの等に該当（約25,000法人中約9300法人）	－
		○特定公益増進法人等に対する寄附金は、損金算入限度額に達するまでの金額を損金算入（損金算入限度額については下図参照）	○主務大臣の認定を受けたもの等が該当	
	所得税	○該当	○該当	－
		○特定公益増進法人等に対する寄附金は、（寄附額－2,000円）を所得控除	○主務大臣の認定を受けたもの等が該当	
		一定の要件を満たすことの証明を受けた法人：（寄附額－2,000円）×40%を税額控除 ※所得税額の25%が限度額		
		○特例措置の対象	○特例措置の対象	○特例措置の対象（非課税が認定された法人のみ）
		個人が財産を寄附した場合の譲渡所得等の非課税		
	相続税	○個人が相続財産を寄附した場合の相続税の非課税	○主務大臣の認定を受けたもの等が特定公益増進法人等に該当 寄附額はその個人の所得の30%を限度が限度額	
地方税	事業税所得割	※課税標準が法人税の所得の計算により算定した所得であるため、特定公益増進法人等に対する寄附金の損金算入によって所得税額も減少する	－	－
	法人住民税法人税割	※課税標準が法人税額であるため、特定公益増進法人等に対する寄附金の損金算入によって法人税額が減少した場合、法人税割額も減少する	－	－
	個人住民税所得割	○公益社団・財団法人等に対する寄附金の対象 ○次の全額を、寄附をした個人住民税所得割の額から控除（税額控除） ・都道府県条例で指定した寄附金…（寄附額－2,000円）×4% ・市区町村条例で指定した寄附金…（寄附額－2,000円）×6% ・都道府県及び市区町村条例で重複して指定した寄附金は10% ※寄附額はその個人の所得の30%を限度が限度額	○主務大臣の認定を受けた寄附金等に該当（税額控除） 都道府県又は市区町村条例により指定を受けた寄附金に係る寄附税額控除措置	

【損金算入限度額（株式会社の例）】

A：（所得金額の6.25%＋資本金等の額の0.25%）×1/2
B：｛所得金額の2.5%＋（資本金等の額の0.25%）｝×1/4

特定公益増進法人等に対する寄附金の特別損金算入限度額
（平成23年度税制改正において拡充）
一般寄附金の損金算入限度額
（上記の限度額を超える特定公益増進法人に対する寄附金の額と一般寄附金の額との合計額の損金算入を可能とするもの）

【個人が財産を寄附した場合の譲渡所得等の非課税（租税特別措置法第40条）】

課税所得等の非課税 → 個（寄附） → 公益社団・財団法人等

国税庁長官の承認

【寄附税制の適用が想定される場面】

《（国税）法人税、（地方税）法人住民税法人税割》

法人 ⇔（寄附）⇔ 公益社団・財団法人等
寄附優遇措置

《（国税）所得税・相続税、（地方税）個人住民税所得割》

個人 ⇔（寄附）⇔ 公益社団・財団法人等
寄附優遇措置

(注) 措置の詳細については、国税庁作成の資料（http://www.nta.go.jp/shiraberu/ippanjoho/pamph/pdf/7230-37.pdf）を参照。

第13章 公益法人の税制 253

II 法人自らに係る税制（1／4）

			公益社団・財団法人	特例民法法人	一般社団・財団法人（注1）	左記以外の法人
					非営利型法人	全所得課税（普通法人）
国税	法人税	課税対象（注2）	○収益事業についてのみ課税　○設定法上の公益目的事業は収益事業から除外し、非課税	○収益事業についてのみ課税	○収益事業についてのみ課税	○全所得課税
		みなし寄附	○収益事業に属する資産のうちから、自らの公益目的事業のために支出した金額は、その収益事業に係る寄附金の額とみなし、損金算入	○収益事業に属する資産のうちから、自らの収益事業以外の事業に支出した金額は、その収益事業に係る寄附金の額とみなし、損金算入	ー	ー
		損金算入限度額	○所得の50%に相当する金額又は公益法人特別限度額（注3）のいずれか大きい方	○所得の20%に相当する金額		
		税率	○25.5%（年800万円以下の所得については15%（注4）)	○19%（年800万円以下の所得については15%（注4）)		○25.5%（年800万円以下の所得については15%（注4）)
	所得税	利子・配当等に係る源泉所得税（注5）	○非課税	○非課税	○課税	○課税
		税率	ー	ー	○利子…15%・配当等…20%	
	登録免許税	法人登記に係る登録免許税	○非課税	○非課税	○課税 主たる事務所の所在地においてする設立の登記1件につき6万円、役員変更登記1万円 従たる事務所の所在地においてする設立の登記1件につき9千円	
		学校・保育所等の設置等に係る登録免許税	○自己の設置運営する学校等の校舎等、保育所等の用に供する建物の所有権の取得登記又は直接にく保育所等の用に供する土地の権利の取得登記につき非課税	○自己の設置運営する学校等の校舎等、保育所等の用に供する建物の所有権の取得登記又は直接にく保育所等の用に供する土地の権利の取得登記につき非課税	○非課税	
	印紙税	定款	○非課税	○非課税	○非課税	
		金銭又は有価証券の受取書	○非課税	○非課税	○非課税	
	消費税	課税対象	○課税資産の譲渡等（法令に基づき行う一定の役務の提供については非課税）	○課税資産の譲渡等（法令に基づき行う一定の役務の提供については非課税）	○課税資産の譲渡等（法令に基づき行う一定の役務の提供については非課税）	
		仕入控除税額の計算の特例	○適用	○適用	○適用	
		特定収入に該当しない寄附金に係る特例	○特定の要件を満たすことにより行政庁の確認を受けた募集要項等により募集した寄附金については、消費税の特定収入から除外	ー		

（注1）①非営利性が徹底されれた法人及び②共益的活動を目的とする法人、以下同じ。
（注2）収益事業の類型は、法人税法施行令第5条で規定
（注3）公益法人特別限度額（その公益目的事業の実施のために必要な金額）の計算に当たっては、特定費用準備資金や公益資産取得資金として将来の公益目的事業の支出に備えて積み立てた額も必要な金額に含まれる。
（注4）平成24年4月1日から平成27年3月31日までの間に開始する各事業年度について適用
○利子・配当等が法人税の課税対象となる場合には、その源泉所得税について、所得税額控除制度の適用あり。
○地価税は、現在課税が停止されているため、省略

【みなし寄附（公益社団・財団法人の場合）】

II 法人自らに係る税制（2／4）

			公益社団・財団法人	特例民法法人	一般社団・財団法人 非営利型法人	一般社団・財団法人 左記以外の法人
法人住民税 均等割	納税義務者等		博物館施設設置法人、学術研究法人は非課税（収益事業を行う場合は課税）その他の法人は課税	博物館施設設置法人、学術研究法人は非課税（収益事業を行う場合は課税）その他の法人は課税	○課税	
	標準税率		○最低税率（2万円）	○最低税率（2万円）	○最低税率（2万円）	
法人住民税 法人税割（注1）	課税対象		○法人税額（収益事業上の公益目的事業に認定法人のみ課税、非認定法人は収益事業から除外し、非課税）	○法人税額（収益事業についてのみ課税）	○法人税額（収益事業についてのみ課税）	○法人税額（全所得課税）
	標準税率		○5％	○5％	5％	
法人住民税 利子割			○非課税	○非課税	○利子等の額	
事業税（注1）（注3）	税率		—	—	5％	
	所得割	標準税率	○収益事業についてのみ課税 認定法人の公益目的事業は収益事業から除外し、非課税 ○所得年400万円以下の場合は2.7％ ○所得年400万円超800万円以下の場合は4％ ○所得年800万円超の場合は5.3％	○収益事業についてのみ課税 ○所得年400万円以下の場合は2.7％ ○所得年400万円超800万円以下の場合は4％ ○所得年800万円超の場合は5.3％	○収益事業についてのみ課税 ○所得年400万円以下の場合は2.7％ ○所得年400万円超800万円以下の場合は4％ ○所得年800万円超の場合は5.3％	○全所得課税（普通法人）
	外形標準課税		—	—	—	
地方消費税	課税対象		○消費税額	○消費税額	○消費税額	
	税率		○25％（消費税率換算1％）	○25％（消費税率換算1％）	○25％（消費税率換算1％）	
不動産取得税	非課税の範囲等		幼稚園において直接保育の用に供する不動産、認定職業訓練を行うことを目的とする法人等の職業訓練施設において直接職業訓練の用に供する不動産、図書館、博物館において直接その用に供する不動産、医療関係者の養成所において直接教育の用に供する不動産、一定の社会福祉事業の用に供する不動産、学術研究法人が直接その研究の用に供する不動産、重要無形文化財の公演のための施設等について課税標準を1/2とする（注4）	幼稚園において直接保育の用に供する不動産、認定職業訓練を行うことを目的とする法人等の職業訓練施設において直接職業訓練の用に供する不動産、図書館、博物館において直接その用に供する不動産、医療関係者の養成所において直接教育の用に供する不動産、一定の社会福祉事業の用に供する不動産、学術研究法人が直接その研究の用に供する不動産について非課税	幼稚園において直接保育の用に供する不動産、図書館、博物館において直接その用に供する不動産、医療関係者の養成所において直接教育の用に供する不動産について非課税（注5） 医療関係者の養成所において直接教育の用に供する不動産について非課税	—
	標準税率（注6）		○4％	○4％	○4％	

（注1）収益事業の類型は、法人税法施行令第5条で規定
（注2）地方法人特別税は、消費税を含む税体系の抜本的な改革が行われるまでの暫定措置として、事業税の一部を分離したもの
（注3）事業税の上記標準税率及び地方法人特別税は、平成20年10月1日以降開始する各事業年度について適用
（注4）不動産の取得が平成27年3月31日までに行われた場合に適用
（注5）遊休財産額が一定の基準を満たし、年間収入額5,000万円以下の法人に限る。また、当該不動産の取得が平成20年12月1日より前に行われた場合に適用
（注6）平成27年3月31日までの間に住宅または土地の取得が行われた場合における不動産取得税の標準税率は3％。

第13章 公益法人の税制 255

Ⅱ 法人自らに係る税制（3／4）

			公益社団・財団法人	特例民法人	一般社団・財団法人 非営利型法人	一般社団・財団法人 左記以外の法人
法人住民税均等割	納税義務者等		○博物館施設法人、学術研究を行う場合は非課税 ○その他の法人は課税	○博物館施設法人、学術研究を行う場合は非課税 ○その他の法人は課税	○課税	
	標準税率		○最低税率 （5万円）	○最低税率 （5万円）	○最低税率 （5万円）	
法人住民税法人税割	課税対象（注1）		○法人税額 （収益事業についてのみ課税。認定法上の公益目的事業は 収益事業から除外し、非課税）	○法人税額 （収益事業についてのみ課税）	○法人税額 （収益事業についてのみ課税）	○法人税額 （全所得課税）
	標準税率		○12.3%	○12.3%	○12.3%	
地方税 市町村税	固定資産税	非課税の範囲等	○幼稚園において直接保育の用に供する固定資産、図書館、博物館等の用に供する不動産、図書館、博物館等において直接教育の用に供する固定資産、医療関係者の養成所の用に供する固定資産、学術研究のため一定の社会福祉事業の用に供する固定資産、学生又は研究人が直接学術の研究の用に供する固定資産、学生又は生徒の修学奨励を目的とする法人の設置する寄宿舎について直接その用に供する家屋について非課税 ○その他の土地及び家屋について文化財的価値の公共のための施設の用に供する重要無形文化財の用に供する家屋及びその用に供する土地並びに家屋について課税標準を1/2とする（注2）	○幼稚園において直接保育の用に供する固定資産、図書館、博物館等の用に供する不動産、図書館、博物館等において直接教育の用に供する固定資産、医療関係者の養成所の用に供する固定資産、学術研究のため一定の社会福祉事業の用に供する固定資産、学生又は研究人が直接学術の研究の用に供する固定資産、学生又は生徒の修学奨励を目的とする法人の設置する寄宿舎について直接その用に供する家屋について非課税	○幼稚園において直接保育の用に供する不動産、図書館、博物館等において直接教育の用に供する固定資産、医療関係者の養成所の用に供する固定資産（注3） ○医療関係者の養成所の用に供する固定資産について非課税	―
					○特例民法人から一般社団・財団法人に移行した法人に関し、移行前に非課税であった固定資産について平成25年度まで非課税措置を継続	
	標準税率		○1.4%	○1.4%	○1.4%	

（注1）収益事業の類型は、法人税法施行令第5条で規定
（注2）平成28年度分から平成26年度分までについて適用
（注3）連結対象のうち一定の要件を満たし、年間収入額5,000万円以下の法人に限る。また、当該固定資産の取得が平成26年12月1日より前に行われた場合に適用

Ⅱ 法人自らに係る税制（4／4）

			公益社団・財団法人	特例民法法人	非営利型法人	一般社団・財団法人 左記以外の法人
地方税	市町村税	都市計画税 非課税の範囲等	○幼稚園において直接保育の用に供する土地又は家屋。図書館、博物館において直接教育の用に供する土地又は家屋。医療関係者の養成所の用に供する土地又は家屋。一定の社会福祉事業の用に供する土地又は家屋。学術研究法人が直接その研究の用に供する土地又は家屋。学生又は生徒の修学援助を目的とする法人の設置する寄宿舎において直接その用に供する土地又は家屋につき非課税 ○その他所有する重要無形文化財の公演のための施設の用に供する土地及び家屋について課税標準を1/2とする（注1）	○幼稚園において直接保育の用に供する土地又は家屋。図書館、博物館において直接教育の用に供する土地又は家屋。医療関係者の養成所の用に供する土地又は家屋。一定の社会福祉事業の用に供する土地又は家屋。学術研究法人が直接その研究の用に供する土地又は家屋。学生又は生徒の修学援助を目的とする法人の設置する寄宿舎において直接その用に供する土地又は家屋につき非課税	○幼稚園において直接保育の用に供する土地又は家屋 ○図書館、博物館において直接教育の用に供する土地又は家屋 ○医療関係者の養成所の用に供する土地又は家屋（注2） ○医療関係者の養成所において直接その用に供する土地又は家屋につき非課税	ー
		税率（条例で定める）	○0.3%以下	○0.3%以下	○0.3%以下	
		事業所税 資産割・従業者割（注1）	○収益事業についてのみ課税 ○認定法上の公益目的事業は収益事業から除外	○収益事業についてのみ課税	○収益事業についてのみ課税	○特例民法法人から一般社団・財団法人に移行した法人に関し、移行前に非課税であった土地及び家屋の取得で平成25年度まで非課税措置を継続 ○すべての事業について課税
		税率	○資産割は600円／㎡ （事業所床面積） ○従業者割は0.25%（従業者給与総額）	○資産割は600円／㎡ （事業所床面積） ○従業者割は0.25%（従業者給与総額）	ー	○資産割は600円／㎡ （事業所床面積） ○従業者割は0.25%（従業者給与総額）

（注1）平成23年度分から平成26年度分までについて適用
（注2）遊休財産額が一定の基準を超過し、年間収入額5,000万円以下の法人に限る。また、当該土地又は家屋の取得が平成20年12月1日より前に行われた場合に適用
○特別出張保育税については、現在課税が停止されているため、省略

出典：内閣府『新制度における主な課税の取扱いについて』

第13章　公益法人の税制

資料

1 公益法人会計基準の運用指針（様式1－1）～（様式1－4）
2 内閣府「平成28年度公益法人の会計に関する諸課題の検討の整理について」別添3 公益法人会計基準、公益法人会計基準注解及び公益法人会計基準の運用指針
3 内閣府「平成28年度公益法人の会計に関する諸課題の検討の整理について」別添4 FAQ早見表（Ⅴ・Ⅵ）

【1】 公益法人会計基準の運用指針(様式1−1)〜(様式1−4)

(様式1−1)

貸 借 対 照 表
平成　年　月　日現在
(単位:円)

科目	当年度	前年度	増減
Ⅰ 資産の部			
1．流動資産			
現金預金			
………			
流動資産合計			
2．固定資産			
(1) 基本財産			
土　地			
………			
基本財産合計			
(2) 特定資産			
退職給付引当資産			
○○積立資産			
………			
特定資産合計			
(3) その他固定資産			
………			
その他固定資産合計			
固定資産合計			
資産合計			
Ⅱ 負債の部			
1．流動負債			
未払金			
………			
流動負債合計			
2．固定負債			
退職給付引当金			
………			
固定負債合計			
負債合計			
Ⅲ 正味財産の部			
1．指定正味財産			
国庫補助金			
………			
指定正味財産合計			
(うち基本財産への充当額)	(　　)	(　　)	(　　)
(うち特定資産への充当額)	(　　)	(　　)	(　　)
2．一般正味財産			
(うち基本財産への充当額)	(　　)	(　　)	(　　)
(うち特定資産への充当額)	(　　)	(　　)	(　　)
正味財産合計			
負債及び正味財産合計			

（様式1－2）

　一般社団・財団法人法第131条により基金を設けた場合には、正味財産の部は、以下の様式による。

科　目	当年度	前年度	増　減
Ⅲ　正味財産の部			
1．基金			
基金			
（うち基本財産への充当額）	(　　　)	(　　　)	(　　　)
（うち特定資産への充当額）	(　　　)	(　　　)	(　　　)
2．指定正味財産			
国庫補助金			
………………			
指定正味財産合計			
（うち基本財産への充当額）	(　　　)	(　　　)	(　　　)
（うち特定資産への充当額）	(　　　)	(　　　)	(　　　)
3．一般正味財産			
(1)　代替基金			
(2)　その他一般正味財産			
一般正味財産合計			
（うち基本財産への充当額）	(　　　)	(　　　)	(　　　)
（うち特定資産への充当額）	(　　　)	(　　　)	(　　　)
正味財産合計			
負債及び正味財産合計			

（様式1－3）

　公益社団・財団法人が会計区分を有する場合には、貸借対照表の内訳表として以下のように表示する。

貸　借　対　照　表　内　訳　表
平成　年　月　日現在
（単位：円）

科　目	公益目的事業会計	収益事業等会計	法人会計	内部取引消去	合計
Ⅰ　資産の部					
1．流動資産					
中科目別記載					
流動資産合計					
2．固定資産					
(1)　基本財産					
中科目別記載					
基本財産合計					
(2)　特定資産					

科　　目			
中科目別記載			
特定資産合計			
(3)　その他固定資産			
中科目別記載			
その他固定資産合計			
固定資産合計			
資産合計			
Ⅱ　負債の部			
1．流動負債			
中科目別記載			
流動負債合計			
2．固定負債			
中科目別記載			
固定負債合計			
負債合計			
Ⅲ　正味財産の部			
1．指定正味財産			
中科目別記載			
指定正味財産合計			
（うち基本財産への充当額）			
（うち特定資産への充当額）			
2．一般正味財産			
（うち基本財産への充当額）			
（うち特定資産への充当額）			
正味財産合計			
負債及び正味財産合計			

（作成上の留意事項）

・法人会計区分は、管理業務に関するものやその他の法人全般に係る（公益目的事業会計・収益事業等会計に区分できないもの）ものを表示するものとする。

（様式1－4）

移行法人が会計区分を有する場合には、貸借対照表の内訳表として以下のように表示する。

貸　借　対　照　表　内　訳　表
平成　年　月　日現在
（単位：円）

科　　目	実施事業等会計	その他会計	法人会計	内部取引消去	合計
Ⅰ　資産の部					
1．流動資産					
中科目別記載					
流動資産合計					

2．固定資産					
（1）基本財産					
中科目別記載					
基本財産合計					
（2）特定資産					
中科目別記載					
特定資産合計					
（3）その他固定資産					
中科目別記載					
その他固定資産合計					
固定資産合計					
資産合計					
II　負債の部					
1．流動負債					
中科目別記載					
流動負債合計					
2．固定負債					
中科目別記載					
固定負債合計					
負債合計					
III　正味財産の部					
1．指定正味財産					
中科目別記載					
指定正味財産合計					
（うち基本財産への充当額）					
（うち特定資産への充当額）					
2．一般正味財産					
（うち基本財産への充当額）					
（うち特定資産への充当額）					
正味財産合計					
負債及び正味財産合計					

（作成上の留意事項）

・法人会計区分は、管理業務に関するものやその他の法人全般に係る（実施事業等会計、その他会計に区分できないもの）ものを表示するものとする。

【2】 別添3 公益法人会計基準、公益法人会計基準注解及び公益法人会計基準の運用指針

第1　総　則
1　目的及び適用範囲

　この会計基準は、公益法人の財務諸表及び附属明細書並びに財産目録の作成の基準を定め、公益法人の健全なる運営に資することを目的とする。

（運用指針2）公益法人会計基準における公益法人について
公益法人会計基準における公益法人は、以下に定めた法人とする。
① 　認定法第2条第3号に定めのある公益法人（以下「公益社団・財団法人」という。）
② 　整備法第123条第1項に定めのある移行法人（以下「移行法人」という。）
③ 　整備法第60条に定めのある特例民法法人（整備法第44条、第45条の申請をする際の計算書類を作成する場合。）
④ 　認定法第7条の申請をする一般社団法人又は一般財団法人（以下「一般社団・財団法人」という。）

2　一般原則

　公益法人は、次に掲げる原則に従って、財務諸表（貸借対照表、正味財産増減計算書及びキャッシュ・フロー計算書をいう。以下同じ。）及び附属明細書並びに財産目録を作成しなければならない。

（1）　財務諸表は、資産、負債及び正味財産の状態並びに正味財産増減の状況に関する真実な内容を明りょうに表示するものでなければならない。

（2）　財務諸表は、正規の簿記の原則に従って正しく記帳された会計帳簿に基づいて作成しなければならない。

（3）　会計処理の原則及び手続並びに財務諸表の表示方法は、毎事業年度これを継続して適用し、みだりに変更してはならない。

（4）　重要性の乏しいものについては、会計処理の原則及び手続並びに財務諸

表の表示方法の適用に際して、本来の厳密な方法によらず、他の簡便な方法によることができる。（注1）

> （注1）重要性の原則の適用について
> 　重要性の原則の適用例としては、次のようなものがある。
> （1）　消耗品、貯蔵品等のうち、重要性が乏しいものについては、その買入時又は払出時に正味財産の減少原因として処理する方法を採用することができる。
> （2）　取得価額と債券金額との差額について重要性が乏しい満期保有目的の債券については、償却原価法を適用しないことができる。
> （3）　寄付によって受け入れた金額に重要性が乏しい場合、寄付者等（会員等を含む。以下同じ。）からの制約が課される期間に重要性が乏しい場合、又は寄付者等からの制約に重要性が乏しい場合には、当該寄付によって増加した正味財産を指定正味財産の増加額としないで、一般正味財産の増加額として処理することができる。
> （4）　ファイナンス・リース取引について、取得したリース物件の価額に重要性が乏しい場合、通常の賃貸借取引に係る方法に準じて会計処理を行うことができる。
> （5）　法人税法上の収益事業に係る課税所得の額に重要性が乏しい場合、税効果会計を適用しないで、繰延税金資産又は繰延税金負債を計上しないことができる。
> 　なお、財産目録の作成及び表示にあたっても重要性の原則が適用される。

（運用指針3）キャッシュ・フロー計算書の作成について
　公益法人会計基準に定めのあるキャッシュ・フロー計算書の作成に当たっては、以下によるものとする。
　（1）　作成しないことができる法人
　　　公益法人会計基準に定めのあるキャッシュ・フロー計算書については、認定法第5条第12号の規定により会計監査人を設置する公益社団・財団法人以外の公益法人は、これを作成しないことができる。

（2） キャッシュ・フロー計算書の表示方法

　事業活動によるキャッシュ・フローの区分においては、直接法又は間接法のいずれかを用いてキャッシュ・フローの状況を記載しなければならない。

（運用指針4） 財産目録の作成について

　公益法人会計基準に定めのある財産目録については、移行法人及び一般社団・財団法人は、これを作成しないことができる。

（運用指針5） 退職給付会計における退職給付債務の期末要支給額による算定について

　退職給付会計の適用に当たり、退職給付の対象となる職員数が300人未満の公益法人のほか、職員数が300人以上であっても、年齢や勤務期間に偏りがあるなどにより数理計算結果に一定の高い水準の信頼性が得られない公益法人や原則的な方法により算定した場合の額と期末要支給額との差異に重要性が乏しいと考えられる公益法人においては、退職一時金に係る債務について期末要支給額により算定することができるものとする。

3　事業年度

　公益法人の事業年度は、定款で定められた期間によるものとする。

4　会計区分

　公益法人は、法令の要請等により、必要と認めた場合には会計区分を設けなければならない。（注2）

（注2）内訳表における内部取引高等の相殺消去について

　当該公益法人が有する会計区分間において生ずる内部取引高は、正味財産増減計算書内訳表において相殺消去するものとする。また、公益法人が会計区分を有する場合には、会計区分間における内部貸借取引の残高は、貸借対照表内訳表に

おいて相殺消去するものとする。

第2　貸借対照表
1　貸借対照表の内容
　貸借対照表は、当該事業年度末現在におけるすべての資産、負債及び正味財産の状態を明りょうに表示するものでなければならない。

2　貸借対照表の区分
　貸借対照表は、資産の部、負債の部及び正味財産の部に分かち、更に資産の部を流動資産及び固定資産に、負債の部を流動負債及び固定負債に、正味財産の部を指定正味財産及び一般正味財産に区分しなければならない。なお、正味財産の部には、指定正味財産及び一般正味財産のそれぞれについて、基本財産への充当額及び特定資産への充当額を内書きとして記載するものとする。（注3）（注4）（注5）（注6）（注7）

（注3）総額主義について
　貸借対照表における資産、負債及び正味財産は、総額をもって記載することを原則とし、資産の項目と負債又は正味財産の項目とを相殺することによって、その全部又は一部を貸借対照表から除去してはならない。
　総額主義の原則は、正味財産増減計算書においても適用する。

（注4）基本財産及び特定資産の表示について
1　当該公益法人が基本財産又は特定資産を有する場合には、固定資産を基本財産、特定資産及びその他固定資産に区分するものとする。
2　寄付によって受け入れた資産で、その額が指定正味財産に計上されるものについては、基本財産又は特定資産の区分に記載するものとする。
3　当該公益法人が特定の目的のために預金、有価証券等を有する場合には、当該資産の保有目的を示す独立の科目をもって、貸借対照表上、特定資産の区

分に記載するものとする。

（注5）基金について
　基金を設定した場合には、貸借対照表の正味財産の部を基金、指定正味財産及び一般正味財産に区分し、当該基金の額を記載しなければならない。

（注6）指定正味財産の区分について
　寄付によって受け入れた資産で、寄付者等の意思により当該資産の使途について制約が課されている場合には、当該受け入れた資産の額を、貸借対照表上、指定正味財産の区分に記載するものとする。また、当期中に当該寄付によって受け入れた資産の額は、正味財産増減計算書における指定正味財産増減の部に記載するものとする。

（注7）一般正味財産の区分について
　基金の返還により代替基金が計上されている場合には、一般正味財産を代替基金及びその他一般正味財産に区分するものとする。

（運用指針9）基金について
　公益法人会計基準注解の注5、注7及び注12における基金とは、一般社団法人及び一般財団法人に関する法律第131条により設置されたものとする。

3　資産の貸借対照表価額
（1）　資産の貸借対照表価額は、原則として、当該資産の取得価額を基礎として計上しなければならない。交換、受贈等によって取得した資産の取得価額は、その取得時における公正な評価額とする。（注8）

（注8）外貨建の資産及び負債の決算時における換算について
　外国通貨、外貨建金銭債権債務（外貨預金を含む。）及び外貨建有価証券等に

については、子会社株式及び関連会社株式を除き、決算時の為替相場による円換算額を付すものとする。

決算時における換算によって生じた換算差額は、原則として、当期の為替差損益として処理する。

(2) 受取手形、未収金、貸付金等の債権については、取得価額から貸倒引当金を控除した額をもって貸借対照表価額とする。

(3) 満期まで所有する意思をもって保有する社債その他の債券(以下「満期保有目的の債券」という。)並びに子会社株式及び関連会社株式については、取得価額をもって貸借対照表価額とする。満期保有目的の債券並びに子会社株式及び関連会社株式以外の有価証券のうち市場価格のあるものについては、時価をもって貸借対照表価額とする。(注9)(注10)(注11)

(注9) 満期保有目的の債券の評価について

満期保有目的の債券を債券金額より低い価額又は高い価額で取得した場合において、取得価額と債券金額との差額の性格が金利の調整と認められるときは、償却原価法に基づいて算定された価額をもって貸借対照表価額としなければならない。

(注10) 満期保有目的の債券並びに子会社株式及び関連会社株式以外の有価証券について

満期保有目的の債券並びに子会社株式及び関連会社株式以外の有価証券のうち市場価格のあるものについては、時価評価に伴って生じる評価差額は、当期の正味財産増減額として処理するものとする。

(注11) 指定正味財産に区分される寄付によって受け入れた有価証券の会計処理について

指定正味財産に区分される寄付によって受け入れた有価証券を時価又は償却原価で評価する場合には、従前の帳簿価額との差額は、正味財産増減計算書上、指

定正味財産増減の部に記載するものとする。

（運用指針７）指定正味財産として計上される額について
　指定正味財産として計上される額は、例えば、以下のような寄付によって受け入れた資産で、寄付者等の意思により当該資産の使途、処分又は保有形態について制約が課せられている場合の当該資産の価額をいうものとする。
① 寄付者等から公益法人の基本財産として保有することを指定された土地
② 寄付者等から奨学金給付事業のための積立資産として、当該法人が元本を維持することを指定された金銭

（運用指針８）子会社株式・関連会社株式について
　子会社株式とは、公益法人が営利企業の議決権の過半数を保有している場合の当該営利企業の株式をいう。また、関連会社株式とは、公益法人が営利企業の議決権の20％以上50％以下を保有している場合の当該営利企業の株式をいう。

（４）　棚卸資産については、取得価額をもって貸借対照表価額とする。ただし、時価が取得価額よりも下落した場合には、時価をもって貸借対照表価額とする。

（５）　有形固定資産及び無形固定資産については、その取得価額から減価償却累計額を控除した価額をもって貸借対照表価額とする。

（６）　資産の時価が著しく下落したときは、回復の見込みがあると認められる場合を除き、時価をもって貸借対照表価額としなければならない。ただし、有形固定資産及び無形固定資産について使用価値が時価を超える場合、取得価額から減価償却累計額を控除した価額を超えない限りにおいて使用価値をもって貸借対照表価額とすることができる。

（運用指針11）資産の時価が著しく下落した場合について
（１）　時価が著しく下落したとき
　資産の時価が著しく下落したときとは、時価が帳簿価額から概ね50％を超え

> て下落している場合をいうものとする。
>
> （2） 使用価値
>
> 　資産の時価が著しく下落したときは、回復する見込みがあると認められる場合を除き、時価をもって貸借対照表価額としなければならないが、有形固定資産及び無形固定資産について使用価値が時価を超える場合には、取得価額から減価償却累計額を控除した価額を超えない限りにおいて、使用価値をもって貸借対照表価額とすることができるものとされている。この時価と比較する使用価値の見積りに当たっては、資産又は資産グループを単位として行うことができるものとする。

第3　正味財産増減計算書

1　正味財産増減計算書の内容

　正味財産増減計算書は、当該事業年度における正味財産のすべての増減内容を明りょうに表示するものでなければならない。

2　正味財産増減計算書の区分

　正味財産増減計算書は、一般正味財産増減の部及び指定正味財産増減の部に分かち、更に一般正味財産増減の部を経常増減の部及び経常外増減の部に区分するものとする。（注6）（注12）（注13）（注14）（注15）

> （再掲）（注6）指定正味財産の区分について
>
> 　寄付によって受け入れた資産で、寄付者等の意思により当該資産の使途について制約が課されている場合には、当該受け入れた資産の額を、貸借対照表上、指定正味財産の区分に記載するものとする。また、当期中に当該寄付によって受け入れた資産の額は、正味財産増減計算書における指定正味財産増減の部に記載するものとする。

> （注12）基金増減の部について
>
> 　基金を設定した場合には、正味財産増減計算書は、一般正味財産増減の部、指

定正味財産増減の部及び基金増減の部に分けるものとする。

　基金増減の部は、基金増減額を発生原因別に表示し、これに基金期首残高を加算して基金期末残高を表示しなければならない。

（注13）補助金等について

　法人が国又は地方公共団体等から補助金等を受け入れた場合、原則として、その受入額を受取補助金等として指定正味財産増減の部に記載し、補助金等の目的たる支出が行われるのに応じて当該金額を指定正味財産から一般正味財産に振り替えるものとする。なお、当該事業年度末までに目的たる支出を行うことが予定されている補助金等を受け入れた場合には、その受入額を受取補助金等として一般正味財産増減の部に記載することができる。

　ただし、当該補助金等が国又は地方公共団体等の補助金等交付業務を実質的に代行する目的で当該法人に一時的に支払われたものである場合等、当該補助金等を第三者へ交付する義務を負担する場合には、当該補助金等は預り補助金等として処理し、事業年度末における残高を負債の部に記載するものとする。

（運用指針10）補助金等の取扱いについて

　公益法人会計基準注解の注13における補助金等とは、補助金、負担金、利子補給金及びその他相当の反対給付を受けない給付金等をいう。なお、補助金等には役務の対価としての委託費等については含まないものとする。

（注14）一般正味財産増減の部における経常外増減に属する項目について

　一般正味財産増減の部における経常外増減に属する項目には、臨時的項目及び過年度修正項目がある。

　なお、経常外増減に属する項目であっても、金額の僅少なもの又は毎期経常的に発生するものは、経常増減の区分に記載することができる。

（注15）指定正味財産の部から一般正味財産の部への振替について

次に掲げる金額は、指定正味財産の部から一般正味財産の部に振り替え、当期の振替額を正味財産増減計算書における指定正味財産増減の部及び一般正味財産増減の部に記載しなければならない。
（１）　指定正味財産に区分される寄付によって受け入れた資産について、制約が解除された場合には、当該資産の帳簿価額
（２）　指定正味財産に区分される寄付によって受け入れた資産について、減価償却を行った場合には、当該減価償却費の額
（３）　指定正味財産に区分される寄付によって受け入れた資産が災害等により消滅した場合には、当該資産の帳簿価額
なお、一般正味財産増減の部において、指定正味財産からの振替額は、その性格に従って、経常収益又は経常外収益として記載するものとする。

3　正味財産増減計算書の構成

一般正味財産増減の部は、経常収益及び経常費用を記載して当期経常増減額を表示し、これに経常外増減に属する項目を加減して当期一般正味財産増減額を表示するとともに、更にこれに一般正味財産期首残高を加算して一般正味財産期末残高を表示しなければならない。

指定正味財産増減の部は、指定正味財産増減額を発生原因別に表示し、これに指定正味財産期首残高を加算して指定正味財産期末残高を表示しなければならない。（注 3）（注 12）（注 15）（注 16）

（再掲）（注 3）総額主義について
貸借対照表における資産、負債及び正味財産は、総額をもって記載することを原則とし、資産の項目と負債又は正味財産の項目とを相殺することによって、その全部又は一部を貸借対照表から除去してはならない。
総額主義の原則は、正味財産増減計算書においても適用する。

（再掲）（注 12）基金増減の部について

基金を設定した場合には、正味財産増減計算書は、一般正味財産増減の部、指定正味財産増減の部及び基金増減の部に分けるものとする。
基金増減の部は、基金増減額を発生原因別に表示し、これに基金期首残高を加算して基金期末残高を表示しなければならない。

(再掲)（注15）指定正味財産の部から一般正味財産の部への振替について
次に掲げる金額は、指定正味財産の部から一般正味財産の部に振り替え、当期の振替額を正味財産増減計算書における指定正味財産増減の部及び一般正味財産増減の部に記載しなければならない。
（1） 指定正味財産に区分される寄付によって受け入れた資産について、制約が解除された場合には、当該資産の帳簿価額
（2） 指定正味財産に区分される寄付によって受け入れた資産について、減価償却を行った場合には、当該減価償却費の額
（3） 指定正味財産に区分される寄付によって受け入れた資産が災害等により消滅した場合には、当該資産の帳簿価額
なお、一般正味財産増減の部において、指定正味財産からの振替額は、その性格に従って、経常収益又は経常外収益として記載するものとする。

（注16）投資有価証券評価損益等の表示方法について
経常収益又は経常費用に含まれる投資有価証券（基本財産又は特定資産の区分に記載されるものを含む。）に係る評価損益及び売却損益については、その他の経常収益及び経常費用と区分して記載するものとする。この場合、その他の経常収益及び経常費用を控除して評価損益等調整前当期経常増減額を表示し、さらに投資有価証券評価損益等を調整することによって当期経常増減額を表示する。

第4 キャッシュ・フロー計算書
1 キャッシュ・フロー計算書の内容
　キャッシュ・フロー計算書は、当該事業年度におけるキャッシュ・フローの状況

を明りょうに表示するものでなければならない。

2　キャッシュ・フロー計算書の区分

キャッシュ・フロー計算書は、当該事業年度におけるキャッシュ・フローの状況について、事業活動によるキャッシュ・フロー、投資活動によるキャッシュ・フロー及び財務活動によるキャッシュ・フローに区分して記載するものとする。

3　キャッシュ・フロー計算書の資金の範囲

キャッシュ・フロー計算書には、当該事業年度における現金及び現金同等物に係る収入及び支出を記載しなければならない。

第5　財務諸表の注記

財務諸表には、次の事項を注記しなければならない。
（1）　継続事業の前提に関する注記
（2）　資産の評価基準及び評価方法、固定資産の減価償却方法、引当金の計上基準等財務諸表の作成に関する重要な会計方針
（3）　重要な会計方針を変更したときは、その旨、変更の理由及び当該変更による影響額
（4）　基本財産及び特定資産の増減額及びその残高
（5）　基本財産及び特定資産の財源等の内訳
（6）　担保に供している資産
（7）　固定資産について減価償却累計額を直接控除した残額のみを記載した場合には、当該資産の取得価額、減価償却累計額及び当期末残高
（8）　債権について貸倒引当金を直接控除した残額のみを記載した場合には、当該債権の債権金額、貸倒引当金の当期末残高及び当該債権の当期末残高
（9）　保証債務（債務の保証を主たる目的事業とする公益法人の場合を除く。）等の偶発債務
（10）　満期保有目的の債券の内訳並びに帳簿価額、時価及び評価損益
（11）　補助金等の内訳並びに交付者、当期の増減額及び残高

(12) 基金及び代替基金の増減額及びその残高

(13) 指定正味財産から一般正味財産への振替額の内訳

(14) 関連当事者との取引の内容（注17）

(15) キャッシュ・フロー計算書における資金の範囲及び重要な非資金取引

(16) 重要な後発事象

(17) その他公益法人の資産、負債及び正味財産の状態並びに正味財産増減の状況を明らかにするために必要な事項

(注17) 関連当事者との取引の内容について
1 関連当事者とは、次に掲げる者をいう。
　(1) 当該公益法人を支配する法人
　(2) 当該公益法人によって支配される法人
　(3) 当該公益法人と同一の支配法人をもつ法人
　(4) 当該公益法人の役員又は評議員及びそれらの近親者
2 関連当事者との取引については、次に掲げる事項を原則として関連当事者ごとに注記しなければならない。
　(1) 当該関連当事者が法人の場合には、その名称、所在地、直近の事業年度末における資産総額及び事業の内容。なお、当該関連当事者が会社の場合には、当該関連当事者の議決権に対する当該公益法人の所有割合
　(2) 当該関連当事者が個人の場合には、その氏名及び職業
　(3) 当該公益法人と関連当事者との関係
　(4) 取引の内容
　(5) 取引の種類別の取引金額
　(6) 取引条件及び取引条件の決定方針
　(7) 取引により発生した債権債務に係る主な科目別の期末残高
　(8) 取引条件の変更があった場合には、その旨、変更の内容及び当該変更が財務諸表に与えている影響の内容
3 関連当事者との間の取引のうち次に定める取引については、2に規定する注記を要しない。

（1） 一般競争入札による取引並びに預金利息及び配当金の受取りその他取引の性格からみて取引条件が一般の取引と同様であることが明白な取引
（2） 役員又は評議員に対する報酬、賞与及び退職慰労金の支払い

（運用指針6）関連当事者との取引の内容について
　公益法人会計基準注解の注17における関連当事者との取引の内容について財務諸表に注記を付す場合の関連当事者の範囲及び重要性の基準は、以下のとおりである。
（1）　関連当事者の範囲
① 　当該公益法人を支配する法人
　当該公益法人を支配する法人（以下「支配法人」という。）とは、当該公益法人の財務及び事業の方針を決定する機関を支配している法人をいい、次の場合には当該法人は、支配法人に該当するものとする。なお、当該法人にはその被支配法人を含むものとする。
　　ア　当該法人が当該公益法人の議決権の過半数を自己の計算において所有していること
　　イ　当該法人が当該公益法人の議決権の100分の40以上、100分の50以下を自己の計算において所有している場合で、以下のいずれかの要件に該当すること
　　　　ａ．自己の計算において所有している議決権と自己と出資、人事、資金、技術、取引等において緊密な関係があることにより自己の意思と同一の内容の議決権を行使すると認められる者及び自己の意思と同一の内容の議決権を行使することに同意している者が所有している議決権とを合わせて、当該公益法人の議決権の過半数を占めていること
　　　　ｂ．当該法人の役員（理事、監事、取締役、会計参与、監査役、執行役その他これらに準ずる者をいう。以下同じ。）、評議員若しくは職員である者又はこれらであった者で自己が当該公益法人の財務及び事業の方針の決定に関して影響を与えることができる者が、当該公益法人の理事会の構

成員の過半数を占めていること
- c．当該公益法人の重要な財務及び事業の方針の決定を支配する契約等が存在すること
- d．当該公益法人の資金調達額（貸借対照表の負債の部に計上されているものに限る。）の総額の過半についての融資を行っていること
- e．その他、当該公益法人の意思決定機関を支配していることが推測される事実が存在すること

ウ　当該法人が自己の計算において所有している議決権と自己と出資、人事、資金、技術、取引等において緊密な関係があることにより自己の意思と同一の内容の議決権を行使すると認められる者及び自己の意思と同一の内容の議決権を行使することに同意している者が所有している議決権とを合わせた場合（自己の計算において議決権を所有していない場合を含み、上記ア、イに該当する場合を除く。）に当該公益法人の議決権の過半数を占めている場合で、上記イのbからeに掲げるいずれかの要件に該当すること

ただし、財務上又は事実上の関係から当該公益法人の意思決定機関を支配していないことが明らかな場合には、対象外とすることができるものとする。

また、当該公益法人が公益財団法人又は一般財団法人である場合には、上記ア〜ウにおける自己の計算において所有している議決権については、以下に掲げる者が当該公益法人の評議員会の構成員を占めていることとする。

- a．当該法人の役員、評議員若しくは職員である者又は就任日前5年以内にこれらであった者
- b．当該法人によって選任された者又は就任日前5年以内に当該公益法人の評議員に選任されたことがある者

なお、国及び地方公共団体については、公益法人の監督等を実施していることをもって、ただちに支配法人とはしないが、上記ア〜ウに該当しない場合であっても、国又は地方公共団体が当該公益法人の財務又は事業の方針を決定する機関を支配している一定の事実が認められる場合には、当該公益法人は、国又は地方公共団体を支配法人とみなして公益法人会計基準注解17に定める注記をするこ

とが望ましいものとする。
② 当該公益法人によって支配される法人

　当該公益法人によって支配される法人（以下「被支配法人」という。）とは、当該公益法人が他の法人の財務及び事業の方針を決定する機関を支配している場合の他の法人をいい、次の場合には当該他の法人は、被支配法人に該当するものとする。なお、当該法人にはその被支配法人を含むものとする。

　ア　当該公益法人が他の法人の議決権の過半数を自己の計算において所有していること
　イ　当該公益法人が他の法人の議決権の100分の40以上、100分の50以下を自己の計算において所有している場合で、以下のいずれかの要件に該当すること
　　ａ．自己の計算において所有している議決権と自己と出資、人事、資金、技術、取引等において緊密な関係があることにより自己の意思と同一の内容の議決権を行使すると認められる者及び自己の意思と同一の内容の議決権を行使することに同意している者が所有している議決権とを合わせて、他の法人の議決権の過半数を占めていること
　　ｂ．当該公益法人の役員、評議員若しくは職員である者又はこれらであった者で自己が他の法人の財務及び事業の方針の決定に関して影響を与えることができる者が、他の法人の理事会その他これに準ずる機関の構成員の過半数を占めていること
　　ｃ．他の法人の重要な財務及び事業の方針の決定を支配する契約等が存在すること
　　ｄ．他の法人の資金調達額（貸借対照表の負債の部に計上されているものに限る。）の総額の過半についての融資を行っていること
　　ｅ．その他、他の法人の意思決定機関を支配していることが推測される事実が存在すること
　ウ　当該公益法人が自己の計算において所有している議決権と自己と出資、人事、資金、技術、取引等において緊密な関係があることにより自己の意思と

同一の内容の議決権を行使すると認められる者及び自己の意思と同一の内容の議決権を行使することに同意している者が所有している議決権とを合わせた場合（自己の計算において議決権を所有していない場合を含み、上記ア、イに該当する場合を除く。）に他の法人の議決権の過半数を占めている場合で、上記イのｂからｅに掲げるいずれかの要件に該当すること

ただし、当該公益法人が他の法人の財務上又は事実上の関係から他の法人の意思決定機関を支配していないことが明らかな場合には、対象外とすることができるものとする。

なお、他の法人が公益財団法人又は一般財団法人である場合には、上記ア〜ウにおける自己の計算において所有している議決権については、以下に掲げる者が当該他の法人の評議員会の構成員を占めていることとする。

 ａ．当該公益法人の役員、評議員若しくは職員である者又は就任日前５年以内にこれらであった者

 ｂ．当該公益法人によって選任された者又は就任日前５年以内に他の法人の評議員に選任されたことがある者

③ 当該公益法人と同一の支配法人をもつ法人

当該公益法人と同一の支配法人をもつ法人とは、支配法人が当該公益法人以外に支配している法人のこととする。

④ 当該公益法人の役員又は評議員及びそれらの近親者

当該公益法人の役員又は評議員及びそれらの近親者とは、以下に該当するものとする。

 ア　役員又は評議員及びそれらの近親者（３親等内の親族及びこの者と特別の関係にある者）

 イ　役員又は評議員及びそれらの近親者が議決権の過半数を有している法人

ただし、公益法人の役員又は評議員のうち、対象とする者は有給常勤者に限定するものとする。

（２）重要性の基準

① 支配法人、被支配法人又は同一の支配法人を持つ法人との取引

ア　正味財産増減計算書項目に係る関連当事者との取引

経常収益又は経常費用の各項目に係る関連当事者との取引については、各項目に属する科目ごとに、経常収益又は経常費用の合計額の100分の10を超える取引を開示する。

経常外収益又は経常外費用の各項目に係る関連当事者との取引については、各項目に属する科目ごとに100万円を超える増減額について、その取引総額を開示し、取引総額と損益が相違する場合には損益を併せて開示する。

なお、指定正味財産から経常収益や経常外収益に振替られたものについては、関連当事者との取引の開示においては含めないものとする。

指定正味財産増減の部の各項目に係る関連当事者との取引については、各項目に属する科目ごとに100万円を超える増加額について、その取引総額を開示する。

ただし、経常外収益又は経常外費用の各項目及び指定正味財産の部に係る関連当事者との取引については、上記基準により開示対象となる場合であっても、各項目に属する科目の取引に係る損益の合計額が、当期一般正味財産増減額の100分の10以下となる場合には、開示を要しないものとする。

イ　貸借対照表項目等に係る関連当事者との取引

貸借対照表項目に属する科目の残高及びその注記事項に係る関連当事者との取引、被保証債務並びに関連当事者による当該法人の債務に対する担保提供資産に係る取引については、その金額が資産の合計額の100分の1を超える取引について開示する。

ただし、資金貸借取引、有形固定資産や有価証券の購入・売却取引等については、それぞれの残高が100分の1以下であっても、取引の発生総額が資産の合計額の100分の1を超える場合には開示を要するものとする。

② 　役員又は評議員及びその近親者との取引

役員又は評議員及びその近親者との取引については、正味財産増減計算書項目及び貸借対照表項目のいずれに係る取引についても、100万円を超える取引については全て開示対象とするものとする。

第6　附属明細書
1　附属明細書の内容
　附属明細書は、当該事業年度における貸借対照表及び正味財産増減計算書に係る事項を表示するものとする。

2　附属明細書の構成
　附属明細書は、次に掲げる事項の他、貸借対照表及び正味財産増減計算書の内容を補足する重要な事項を表示しなければならない。
　（1）　基本財産及び特定資産の明細
　（2）　引当金の明細
　なお、財務諸表の注記に記載している場合には、附属明細書においては、その旨の記載をもって内容の記載は省略することができる。

第7　財産目録
1　財産目録の内容
　財産目録は、当該事業年度末現在におけるすべての資産及び負債につき、その名称、数量、使用目的、価額等を詳細に表示するものでなければならない。

2　財産目録の区分
　財産目録は、貸借対照表の区分に準じ、資産の部と負債の部に分かち、正味財産の額を示さなければならない。

3　財産目録の価額
　財産目録の価額は、貸借対照表記載の価額と同一とする。

※1．本会計基準統合版の記載は、次のとおりである。
枠囲みなし：公益法人会計基準（平成20年4月11日　内閣府公益認定等委員会）
実線枠囲み：公益法人会計基準注解（同）
破線枠囲み：公益法人会計基準の運用指針（同）一部抜粋

※2．本会計基準統合版においては、次のとおり略記する。

「認定法」：公益社団法人及び公益財団法人の認定等に関する法律

「整備法」：一般社団法人及び一般財団法人に関する法律及び公益社団法人及び公益財団法人の認定等に関する法律の施行に伴う関係法律の整備等に関する法律

以　上

【3】 別添4 FAQ早見表（Ⅴ・Ⅵ）

FAQ早見表（Ⅴ・Ⅵ）：本表はFAQ答に対し要約・並べ替え・加筆等を行っております。必要に応じてFAQ原文をご確認ください。

問Ⅴ-1-①（経理的基礎・技術的能力） 経理的基礎及び技術的能力について具体的に説明してほしい。例えば経理事務の精通者とは具体的に何か。 ガイドⅠ2.	答 1　経理的基礎は、次の3つの要素から構成されます。 　①　財政基盤の明確化（貸借対照表、収支（損益）予算書等による財務の見通し、収入見込みの確認） 　②　経理処理・財産管理の適正性（財産管理・運用について理事・監事の関与、十分な会計帳簿、使途不明金・虚偽記載がないこと） 　③　情報開示の適正性（外部監査を受けるか、監事に経理事務5年経験者が就くこと等） 2　技術的能力の一般的意味としては、事業実施のための技術、専門的人材や設備などの能力の確保です。 3　経理事務の精通者については、形式的に従事年数等を定めることはしませんが、どのような者が会計に関与しているかについての説明をもとに個別に判断します。
問Ⅴ-1-②（経理的基礎・技術的能力） 出えん企業の経理担当者に法人の経理を担当してもらっているが、経理的基礎を満たしていると考えてよいでしょうか。 ガイドⅠ2.	答 1　経理的基礎の一要素として情報開示の適正性が求められます。外部監査を受けるか、公認会計士等が監事に就いている場合は情報開示の適正性は満たされているものと扱います。そうでない場合には、個別に代替措置について説明していただくことが必要です。

FAQ早見表（Ⅴ・Ⅵ）：本表はFAQ答に対し要約・並べ替え・加筆等を行っております。必要に応じてFAQ原文をご確認ください。

問Ⅴ-2-① （収支相償）	答
収支相償の第一段階は事業毎に判定とのことですが、どういう単位で事業を考えればよいのでしょうか。 ガイドⅠ5．	1　公益目的事業をその目的や実施の態様等から関連する事業としてまとめたもの（＝公1、公2…）を収支相償の第一段階における一の事業単位とします。
問Ⅴ-2-② （収支相償） 収支相償の計算方法として収益事業等からの利益の繰入額が50％の場合と50％を超える場合の二つの方法があるようですが、両者の違いがわかりません。 ガイドⅠ5．	答 1　法人が収益事業等を行う場合において、収益事業等から生じた収益（利益）の50％は公益目的事業財産に繰入れなければなりません（認定法第18条第4号）。 2　公益目的事業の必要な資金のために自発的に収益事業等から生じた利益の50％を超えて繰入れることができます。利益の50％超繰入れは、収益事業等の利益から100％を上限に公益目的事業の必要な資金収支の要件を満たした額まで繰り入れる場合に認められる方法です。なお、収益事業等の利益の50％超を繰入れた事業年度以降、貸借対照表内訳表も作成し提出する必要があります。
問Ⅴ-2-③ （収支相償） 公益目的事業に係る収入は費用を上回ってはならないという基準に従うと、収支がゼロか損失を計上しなければならず、公益目的事業を継続的に実施できなくなってしまうのではないで	答 1　収支相償は公益目的事業で無償又は低廉な価格設定により受益者を拡大し、公益法人が税制優遇を受ける前提となる基準である一方、公益法人の事業は年度により収支に変動があり、また長期的な視野に立って行う必要があることから、単年度で必ず収支が均衡することまで収支相償は求めません。

FAQ早見表（Ⅴ・Ⅵ）：本表はFAQ答に対し要約・並べ替え・加筆等を行っております。必要に応じてFAQ原文をご確認ください。

しょうか。特に、金融資産の運用によって運営する法人では、規模が縮小する一方となるのではないでしょうか。 ガイドⅠ5．26年度報告	2　特定費用準備資金のような仕組みを活用しつつ計画性をもって公益目的事業を実施していただくことにより、継続的な事業運営は確保されるものと考えます。なお、財政基盤を拡大する一般的な手法として、寄附金を募集することが想定されますが、金融資産の運用で事業を行う法人が事業拡大のために公益目的保有財産として金融資産を取得することも考えられます。
問Ⅴ-2-④（収支相償） 　収支相償を二段階でやる理由を教えて下さい。また、第一段階と第二段階の関係についてもお願いします。 ガイドⅠ5．運用指針13．（様式2-3）	答 1　公益目的事業については、事業に係る収入はその実施に要する適正な費用を償う額を超えないことが求められているため（認定法第5条第6号）、まず、第一段階として事業単位（＝公1、公2…）で収支を見ることが必要となります。しかし、必ずしも特定の事業に係る収支には含まれない法人の公益活動に属する収支（共通項目）が存在するため、第二段階として法人として公益活動全体の収支を見ることとしたものです。
問Ⅴ-2-⑤（収支相償） 　収支相償を計算した結果、収入が費用を上回って剰余金が出た場合はどうすればよいのでしょうか。また、この剰余金は遊休財産となるのでしょうか。 ガイドⅠ5．	答 1　第一段階として各事業単位で収入が費用を上回る場合、事業ごとに当該剰余金を財源として事業の発展や受益者の範囲の拡充に充てるか、当該事業において特定費用準備資金を積立てて将来の特定の支出に充てることとします。 2　第二段階において、収入が費用を上回る場合には、その額は公益活動全体の拡大・発展に充て

FAQ早見表（Ⅴ・Ⅵ）：本表はFAQ答に対し要約・並べ替え・加筆等を行っております。必要に応じてFAQ原文をご確認ください。

	られるべきものです。公益目的事業に係る特定費用準備資金として積み立てていただくか、それでも剰余が生じる場合において、公益目的保有財産となる実物資産の取得又は改良に充てるための資金（資産取得資金）への積立てを行うか、当期の公益目的保有財産の取得に充てたりする場合には、収支相償の基準を充たすものとして扱います。このような状況にない場合には、翌事業年度に事業の拡大等により同額程度の損失となるように、剰余金の具体的な処理方法を説明していただくことになります。 3　遊休財産額の保有の制限との関係では、収入が費用を上回る額を公益目的保有財産の取得、特定費用準備資金や資産取得資金への積立てのように使途が定まった控除対象財産として整理している限りは遊休財産に該当しません。
問Ⅴ－2－⑥（収支相償） 　収支相償の剰余金解消計画は、必ず翌事業年度で解消するものが必要でしょうか。 　ガイドⅠ５.	答 1　発生した剰余金が翌事業年度における解消計画で適切に費消することができないことについて特別の事情や合理的な理由がある場合（注）には、使い道についてしっかりと検討した上で、より計画的に資金を活用し、効果的に公益目的事業を実施することが、公益の増進を目的とする認定法の趣旨に沿うものと考えられます。よって一定の前提の下、収支相償の剰余金解消計画を１年延長する取扱いが認められます。 （注）合理的な理由とは、平年度における法人の事

FAQ早見表（Ⅴ・Ⅵ）：本表はFAQ答に対し要約・並べ替え・加筆等を行っております。必要に応じてFAQ原文をご確認ください。

	業規模に照らし、翌事業年度だけで剰余金を解消するには困難が伴うといった事情がある場合、例えば2年をかけて段階的に事業拡大を図ることが考えられます。
問Ⅴ－2－⑦（収支相償） 　収支相償の剰余金が生じた場合に、公益目的保有財産としての金融資産の取得は認められますか。 　ガイドⅠ5．運用指針13．（6）	答 1　金融資産の取得が無制限に認められる場合には、収支相償や遊休財産額の保有制限に関する制度の趣旨を潜脱するおそれがあり、剰余金の解消のために公益目的保有財産としての金融資産を取得することについては、金融資産を取得して事業拡大する必要性について合理的な理由等がある場合に限って認められます。
問Ⅴ－3－①（公益目的事業比率） 　収益事業からの利益を全額公益目的事業に充てると定めた場合には、その収益事業を公益目的事業に含めて公益目的事業比率を計算することはできないのでしょうか。 　ガイドⅠ7．運用指針13．（様式2－3）	答 1　収益事業を公益目的事業に含めて公益目的事業比率を計算することはできません。
問Ⅴ－3－②（公益目的事業比率） 　事業費と管理費への配賦	答 1　事業費と管理費に共通して発生する費用をどのように事業費と管理費に配賦するかについては、

FAQ早見表（Ⅴ・Ⅵ）：本表はFAQ答に対し要約・並べ替え・加筆等を行っております。必要に応じてFAQ原文をご確認ください。	
や共通する経費の配賦は適正な基準により行うとのことですが、具体的にどのような基準であればよいのでしょうか。 ガイドⅠ7．	例えば以下のような配賦基準が考えられます。 　費用の配賦基準（家賃：建物面積比、給与：従事割合、福利厚生費：職員数比） 2　具体的には、過去の活動実績、関連費用のデータなどから法人において合理的と考える程度の配賦割合を決めていただければ結構です。
問Ⅴ-3-③（公益目的事業比率） 　奨学金事業を行う法人の場合、貸付支出を事業費に含めないと、公益目的事業比率を充たせなくなってしまうのではないでしょうか。 ガイドⅠ7．	答 1　貸与型奨学金事業の場合、奨学金の募集、審査、貸出し、債権管理、回収までの奨学金事業の全サイクルにわたり発生する人件費、事務経費その他諸経費は、奨学金事業に係る事業費と考えられます。また管理費と共通する経費については、適正な基準で事業費に配賦することができます。奨学金の貸出についても貸付支出が行われた時点では当該貸付額は費用とはなりませんが、貸倒れ損失が発生すれば費用となります。
問Ⅴ-3-④（公益目的事業比率） 法人が保有する資金のうち、どういうものが特定費用準備資金に当てはまるのかがわかりません。利用方法について教えて下さい。 　　ガイドⅠ7．　運用指針13．（6）	答 1　将来の特定の事業費、管理費に特別に支出するために積み立てる資金で、新規事業の開始、既存事業の拡大、数年周期で開催するイベントや記念事業等の費用が対象となります。 2　特定費用準備資金については、認定規則18条3項の要件を充たすことで積立額を事業費とみなすことができます。

FAQ早見表（Ⅴ・Ⅵ）：本表はFAQ答に対し要約・並べ替え・加筆等を行っております。必要に応じてFAQ原文をご確認ください。

問Ⅴ-3-⑤（公益目的事業比率）	答
法人が、地震、火災等災害時に備えて積み立てる資金は、特定費用準備資金の対象となるのでしょうか。 ガイドⅠ7.	1　法人が地震等の災害時に当該法人の施設、事業所等の復旧、復興に充てるために積み立てる資金は、その資金の目的である活動をいつ行うのかという具体的な見込みを立てることが一般的には困難です。したがって、特定費用準備資金の要件を充たすことは難しいものと考えられます。
問Ⅴ-3-⑥（公益目的事業比率） 事業費と管理費の概念をもう少し詳しく教えてください。 ガイドⅠ7.	答 1　事業費は、当該事業に跡付けることができる費用であって、例えば、事業に従事する職員の給与手当等の人件費、事業に関連して発生する旅費交通費、事業の実施会場の賃借料等の経費が該当します。 2　一方、管理費は、当該事業に跡付けることができない経常的な費用であり、換言すれば、法人の事業活動にかかわらず、法人が存続していく上で、必要な経常的な費用です。例えば、個別の事業実施に直接かかわりのない役員報酬や管理部門の経理担当職員の給料手当等の人件費、社員総会・評議員会・理事会の開催費用等が該当します。
問Ⅴ-4-①（遊休財産額） 今まで内部留保として計算された金額は、新制度での機動的な法人運営のためには、自由に使える資金が必要であり、遊休財産額と	答 1　具体的に公益目的事業に使用される見込みがない財産が公益法人に過大に蓄積された場合には、財産の死蔵につながり、税制優遇等の趣旨に反するほか、寄附等をした国民の期待にも反することになりかねません。このため認定基準においては、

FAQ早見表（Ⅴ・Ⅵ）：本表はFAQ答に対し要約・並べ替え・加筆等を行っております。必要に応じてFAQ原文をご確認ください。

して規制される趣旨がわかりません。 ガイドⅠ8.	公益目的事業又は公益目的事業に必要なその他の活動に使うことが具体的に定まっていない財産（遊休財産額）の保有は、一年分の公益目的事業費相当額を超えてはならないとし、公益法人にその遵守を求めています。
問Ⅴ-4-②（遊休財産額） 　公益目的保有財産や特定費用準備資金など法令上の各種財産、資金概念の意味や相互の関係、遊休財産額との関連をわかりやすく教えてください。 ガイドⅠ8.	答 1　認定法で定める各種の財産、資産概念は、次のとおりです。 ①　公益目的事業財産：公益目的事業に関して得た寄附金等の財産で公益目的事業のために使用し処分するもの ②　公益目的保有財産＊：継続して公益目的事業のために使用する不可欠特定財産等の固定資産 ③　不可欠特定財産：通常の土地・建物等や金融資産は該当せず、定款で定めた公益目的事業に不可欠な財産 ④　公益目的増減差額：公益に充てられるべき資金 ⑤　公益目的取得財産残額：公益目的増減差額と公益目的保有財産の合計額 ⑥　遊休財産：特定の目的・使途のない財産 ⑦　控除対象財産：遊休財産の算定基礎から控除される財産（＊） ⑧　特定費用準備資金＊：将来の特定の事業費・管理費に充てるために法人が任意に積立てる資金

FAQ早見表（Ⅴ・Ⅵ）：本表はFAQ答に対し要約・並べ替え・加筆等を行っております。必要に応じてFAQ原文をご確認ください。

	⑨　資産取得資金＊：特定の財産の取得又は改良に充てるために法人が任意に積立てる資金
問Ⅴ-4-③（遊休財産額） 　収支の変動に備えて積み立てている財政基盤確保のための募金（基金）、基本財産からの運用益を積み立てている運用財産、減価償却引当資産、建物の修繕積立金、土地取得のための積立金等は遊休財産となるのでしょうか。 　ガイドⅠ8．	答 1　基本財産からの運用益を積み立てている運用財産は、単に積み立てているだけでは遊休財産に含まれます。また、予備費などの将来の単なる備えや資金繰りのために保有している資金も遊休財産に含まれます。 2　将来の収支の変動に備えて法人が自主的に積み立てる財政基盤確保のための資金（基金）は、過去の実績や事業環境の見通しを勘案して、活動見込みや限度額の見積もりが可能などの要件を満たし、特定費用準備資金として積立てられた場合、遊休財産額から除外されます。 3　また、減価償却引当資産、建物修繕積立金及び土地取得積立金は一定の要件を満たし、資産取得資金として積み立てられた場合、遊休財産額から除外されます。
問Ⅴ-4-④（遊休財産額） 　特定費用準備資金と資産取得資金の違いを教えてください。 　ガイドⅠ8．	答 1　特定費用準備資金は、将来の特定の事業費又は管理費に特別に支出するために積み立てる資金です。 2　資産取得資金は、将来、公益目的事業やそのために必要な事業、活動に用いる実物資産を取得又は改良するために積み立てる資金です。

FAQ早見表（Ⅴ・Ⅵ）：本表はFAQ答に対し要約・並べ替え・加筆等を行っております。必要に応じてFAQ原文をご確認ください。

問Ⅴ-4-⑤（遊休財産額）	答
遊休財産額の計算方法について詳しく教えてください。 ガイドⅠ8.	1　遊休財産額は、法人の純資産から控除対象財産を差し引いた残額です。控除対象財産の対応負債の計算方法には個別対応方式と簡便方式があり、毎事業年度選択が可能です。

問Ⅴ-4-⑥（遊休財産額）	答
控除対象財産のうち、いわゆる1号財産、5号財産及び6号財産はそれぞれどのような財産なのでしょうか。 ガイドⅠ8．基準注解（注4）	1　控除対象財産のうち、1号財産、5号財産及び6号財産は、以下のような財産が該当します。 　1号財産：認定規則22条3項1号に規定する公益目的保有財産を指し、公益目的事業財産（認定法18条）を支出することで得た財産などの固定資産が該当しますが、継続して公益目的事業のために使用しなければなりません。 　5号財産：認定規則22条3項5号に規定する寄附その他これに類する行為によって受け入れた財産（当該財産を処分することによって取得した財産を含む。）であって、当該財産を交付した者の定めた使途に従って使用し、若しくは保有しているものを指します。 　6号財産：認定規則22条3項6号に規定する寄附その他これに類する行為によって受け入れた財産であって、当該財産を交付した者の定めた使途に充て

FAQ早見表（Ⅴ・Ⅵ）：本表はFAQ答に対し要約・並べ替え・加筆等を行っております。必要に応じてFAQ原文をご確認ください。

	るために保有している資金（待機資金）を指します。
問Ⅴ-4-⑦（遊休財産額） 　控除対象財産のうち、1号財産（公益目的保有財産）に該当する金融資産は、取り崩すことはできないのでしょうか。また、やむを得ず将来にわたり取り崩していくこととした場合、当該金融資産を控除対象財産にすることはできないのでしょうか。 　ガイドⅠ7．8．	答 1　1号財産に該当する金融資産は、原則として取り崩すことなく、その果実を継続的に後継目的事業の財源に充てることを目的として保有すべきものです。しかし、景気の停滞等を原因として、法人が公益目的事業を継続していく上で、1号財産である金融資産を取り崩して事業財源に充てる以外に方法がないなど、やむを得ない場合には、当該金融資産を取り崩すことは否定されません。その場合は、定款等の内部規程に従い、理事会、社員総会又は評議員会等の機関決定が必要です。 2　要件を満たせば、取り崩した金融資産も控除対象財産とすることができます。
問Ⅴ-4-⑧（遊休財産額） 　控除対象財産のうち、2号財産（公益目的事業を行うために必要な収益事業等その他の業務又は活動の用に供する財産）とした金融資産は、取り崩すことができないのでしょうか。 　ガイドⅠ8．	答 1　2号財産に該当する金融資産は、管理業務に充てるために合理的な範囲内で計上されるものであるため、経営環境の変化等により、管理費等の財源が不足する場合には、例外的に取り崩して使用することも可能です。その場合は、定款等の内部規程に従い、理事会、社員総会又は評議員会等の機関決定が必要です。
問Ⅴ-4-⑨（遊休財産額） 　保有株式の配当を公益目	答 1　金融資産の2号財産への振り分けについては、

FAQ早見表（V・Ⅵ）：本表はFAQ答に対し要約・並べ替え・加筆等を行っております。必要に応じてFAQ原文をご確認ください。

的事業費のほか、法人運営に必要な管理費の財源にも充てている法人に関して、移行認定又は公益認定の申請に当たり、当該保有株式を1号財産（公益目的保有財産）と2号財産（公益目的事業を行うために必要な収益事業等その他の業務又は活動の用に供する財産）に振り分ける際、どのような考え方で配分すべきでしょうか。

ガイドⅠ8.

問V-4-⑩（遊休財産額）

公益法人が、金融資産の1号財産（公益目的保有財産）と2号財産（公益目的事業を行うために必要な収益事業等その他の業務又は活動の用に供する財産）の配分割合を変更することは可能でしょうか。ょうか。

ガイドⅠ8.

問V-4-⑪（遊休財産額）

寄附者の定めた使途がある公益目的事業に係る資金があるのですが、控除対象

合理的な範囲内で行う必要があります。

2　合理的な範囲内であるかは、法人ごとに異なるため、一概には例示できませんが、公益法人は公益の増進を目的とする法人であり、公益目的事業に充てるべき財源を最大限に活用して無償又は低廉な価格設定などによって受益者の範囲を可能な限り拡大すること、また、公益目的事業や収益事業等及び管理業務のために現に使用せず、かつ、今後も使用する見込みがない多額の財産を蓄積しないことが求められていることを踏まえ、諸事情を総合的に勘案して判断する必要があります。

答

1　事業環境の変化により、当初控除対象財産の区分で想定していた1号財産と2号財産の配分割合が適応しない状態となることがあります。この場合、2号財産から1号財産への振り替えは適時に行うことが可能です。一方、1号財産から2号財産への振り替えは、安易に認められるべきものではありません。振り替えを行う場合には、あらかじめ機関決定が可能です。

答

1　寄附者の指定内容と認定の前後によって異なります。

2　認定前受入資金

FAQ早見表（Ⅴ・Ⅵ）：本表はFAQ答に対し要約・並べ替え・加筆等を行っております。必要に応じてFAQ原文をご確認ください。

財産のうち、いわゆる1号財産、5号財産、6号財産のいずれに整理したらよいか分かりません。どのような考え方で整理したらよいのでしょうか。

ガイドⅠ8．

問Ⅴ-4-⑫（遊休財産額）

寄附者の使途の指定は、どの程度具体的になされている必要があるのでしょうか。過去にされた寄附で、指定が十分に明確ではない場合には、どのように対応すればよいでしょうか。確認作業が膨大となることが見込まれる場合や、寄附者が死亡している場合の対応方法も含め、教えてください。

ガイドⅠ8．基準注解（注6）運用指針7．

問Ⅴ-4-⑬（遊休財産額）

寄附者から、○○地方で3年に一度行われる伝統芸能行事を保存するための資金に使ってほしいとの使途の指定を受けて、当該資金

　運用益を具体的な公益目的事業の財源にする旨の指定：元本は1号財産

　資金を取崩して具体的な公益目的事業の財源にする旨の指定：元本は6号財産

3　認定後受入財産寄附者の使途の指定がある財産：5号財産又は6号財産

答

1　使途の制約については、「公益目的事業に使ってほしい」というだけの指定や、管理費や収益事業にも使用できる形では、制約があるとは言えません。「寄附金のうち○％は管理費の財源とし、△％は公益目的事業の○○事業に充当し、×％は公益目的事業の◇◇事業に充当して欲しい」というような形で区分して、指定をすることが必要です。

答

1　実質的に公益目的事業と法人運営の管理財源の両方に充てている資金は、そのままでは公益目的事業財産とそれ以外の財産に区分されていないことになります。（収益事業等も行う法人で）仮に当該資金全体を公益目的事業財産として整理す

FAQ早見表（Ⅴ・Ⅵ）：本表はFAQ答に対し要約・並べ替え・加筆等を行っております。必要に応じてFAQ原文をご確認ください。

の寄附を受けました。当社団では、従来から、当該資金を取り崩して、当該伝統芸能行事への助成財源に充てるとともに、法人運営の管理費の財源にも充ててきたところです。移行認定の申請に当たり、当該資金を6号財産（交付者の定めた使途に充てるために保有している資金）に整理しようと思うのですが、この場合、当該資金を<u>公益目的事業会計に係る部分と法人会計に係る部分とに分けなければ</u>ならないのでしょうか。 ガイドⅠ8.	ると、管理費に使用することはできません。 2　したがって、寄附等を受けた資金について法人運営の管理財源に充てるためには、公益目的事業に係る部分と法人会計に係る部分とに区分する必要があります。
<u>問Ⅴ-5-①</u>（会計監査人設置基準） 　公益法人は<u>会計監査人を設置しなければならないの</u>でしょうか。 ガイドⅠ11.	答 1　公益法人は、認定法5条12号により会計監査人の設置が求められますが、一定の基準に達しない法人（①収益の額が1000億円未満、②費用及び損失の額の合計額が1000億円未満、③負債の額が50億円未満のすべての要件を満たす法人）は、その義務がありません。
<u>問Ⅴ-5-②</u>（会計監査人設置基準） 　公益認定を受けて公益法	答 1　公益法人は、一定の除外要件（Ⅴ-5-①参照）に該当する場合を除き、会計監査人を置くことが

FAQ早見表（Ⅴ・Ⅵ）：本表はFAQ答に対し要約・並べ替え・加筆等を行っております。必要に応じてFAQ原文をご確認ください。

人として活動したいと考えていますが、会計監査人は認定を受けたら直ちに設置しなければならないのでしょうか。 　ガイドⅠ11．	義務付けられており、一般社団・財団法人が公益認定を受けた日から会計監査人を置く必要があります。
問Ⅴ-6-①（役員に対する報酬等） 　役員等報酬等支給基準について、「理事の報酬額は理事長が理事会の承認を得て定める」のような支給基準とすることは可能でしょうか。 　ガイドⅠ12．	答 1　ご質問のような定め方の支給基準では報酬科目や算定方法が明らかにされず、認定基準を満たしていないものと考えます。
問Ⅴ-6-②（役員に対する報酬等） 　理事に対するお車代も報酬に含めて支給基準に盛り込むことが必要でしょうか。必要でしょうか。 　ガイドⅠ12．基準注解（注17）	答 1　「お車代」という名称であっても、交通費実費相当額を超えて支給する場合には役員報酬の支給基準に盛り込むことが必要です。
問Ⅴ-6-③（役員に対する報酬等） 　非常勤理事や評議員に対して給与は支給できるのでしょうか。非常勤理事や評	答 1　非常勤理事や評議員に職務遂行の対価として報酬等を支給することはできます。報酬等の支給基準を定める場合、無報酬でも問題ありません。その場合は、報酬等の支給基準において無報酬で

FAQ早見表（Ⅴ・Ⅵ）：本表はFAQ答に対し要約・並べ替え・加筆等を行っております。必要に応じてFAQ原文をご確認ください。

議員は現在無報酬ですが、報酬等の支給基準を定めるという基準の意味は報酬を支給しなければならないということなのでしょうか。 ガイドⅠ12.	ある旨を定めます。
問Ⅴ－6－④（役員に対する報酬等） 報酬等支給基準は理事会で決定する必要がありますか。 ガイドⅠ12.	答 1　理事・監事の報酬等支給基準については、①社員総会又は評議員会で決定する方法と、②社員総会又は評議員会においては、報酬等の総額を定めることとし、支給基準について理事は理事会で、監事が複数いる場合は監事の協議によって決定する方法の2通りがあります。 2　一方、評議員の報酬等の額は定款で定めることとされており（一般法人法196条）、その支給基準についても定款又は評議員会のいずれかで決定する必要があります。
問Ⅴ－6－⑤（監事の報酬等） 監事の報酬等は、どのように決めればよいのでしょうか。 ガイドⅠ12.	答 1　定款の定め又は社員総会（若しくは評議員会）の決議において、各監事の報酬等の具体的な金額を決定することが望ましいと考えます。
問Ⅴ－6－⑥（役員等に対する報酬等） 報酬等支給基準について、どのような支給の基準を定	答 1　報酬等支給基準については、次の4つの事項につき定める必要があります。 ①　理事等の勤務形態に応じた報酬等の区分

FAQ早見表（Ⅴ・Ⅵ）：本表はFAQ答に対し要約・並べ替え・加筆等を行っております。必要に応じてFAQ原文をご確認ください。

める必要がありますか。 ガイドⅠ12.	② その額の算定方法 ③ 支給の方法 ④ 支給の形態
問Ⅴ-7-①（株式保有の制限） 　他の団体の意思決定に関与することができる財産と信託契約との関係について教えてください。 ガイドⅠ14. 運用指針6.	答 1　公益法人が株式等の保有を通じて営利法人等を実質的に支配できると認定基準を潜脱することができるため、他の団体の意思決定に関与できる財産の保有制限が設けられています。 2　保有制限の対象に信託契約に基づく委託者又は受託者の権利を含めているのは、委託者又は受託者としての権利に他の団体の意思決定に関与することができる権利が含まれる場合があるためです。
問Ⅴ-8-①（法人会計の黒字） 　公益認定申請のため、別表G（収支予算の事業別区分経理の内訳表）を作成しているのですが、法人会計が黒字になるような予算は認められないのでしょうか。 ガイドⅠ7.	答 1　法人会計の財源を確保した結果、法人会計が黒字になることのみをもって、直ちに認定法との関係で問題が生ずるものではありません。管理部門強化のための財源が必要となるような場合には、合理的な計画の下に、必要な範囲で法人会計を黒字とすることは認められます。
問Ⅴ-8-②（法人会計の黒字） 　公益目的事業のみを実施している場合において、寄	答 1　公益法人は、管理業務のために現に使用せず、かつ、今後も使用する見込みがない多額の財産を蓄積しないことが求められており、合理的な理由

FAQ早見表（Ⅴ・Ⅵ）：本表はFAQ答に対し要約・並べ替え・加筆等を行っております。必要に応じてFAQ原文をご確認ください。

附を受けた財産や公益目的事業に係る活動の対価として得た財産を公益目的事業会計と法人会計に配分する場合、法人会計が黒字になるように配分することは可能でしょうか。 ガイドⅠ7.	もないにもかかわらず、法人会計に多額の黒字が恒常的に発生するような状態は、適切ではないと考えます。
問Ⅴ-9-①（残余財産処分） 公益法人の残余財産の帰属先を複数の公益法人に定めることはできますか。できますか。 ガイドⅠ16.	答 1 類似事業を目的とする公益法人であれば、複数法人を定めることは差し支えありません。
問Ⅴ-9-②（残余財産処分） 一般社団・財団法人を新たに設立して公益法人の残余財産の帰属先として指定することはできますか。 ガイドⅠ16.	答 1 一般社団・財団法人はその行う事業に格別の制限がなく、法令や公序良俗に反しない限り、あらゆる事業を目的とすることが可能な法人であり、公益法人の残余財産の帰属先として指定することはできません。
問Ⅵ-1-①（公益目的事業財産） 財団法人で賛助会費を集めていますが、その会費収入の扱いは、社団法人の社員が支払う会費と同様に、	答 1 公益財団法人の会員が払う会費は、認定法上は寄附金に該当し、社団法人の会費とは異なるものと考えられます。

FAQ早見表（Ⅴ・Ⅵ）：本表はFAQ答に対し要約・並べ替え・加筆等を行っております。必要に応じてFAQ原文をご確認ください。

目的を定めていなければ半分が公益目的事業財産になるという理解でよいのでしょうか。 ガイドⅠ17．	
問Ⅵ－1－②（公益目的事業財産） 　法人の管理費の財源はどこに求めたらよいのでしょうか。またその経理方法はどうすればよいのでしょうか。 ガイドⅠ8．	答 1　管理費については、法人の事業を管理するために、毎年度経常的に要する費用であり、公益認定等ガイドラインに従い、適切に配賦等を行うこととなります。 2　寄附金、会費収入、財産運用益等を管理費に充当する場合には、法人会計の経常収益に直接計上し、収益事業等の利益を管理費に充てる場合には、収益事業等会計から法人会計への他会計振替額として経理してください。
問Ⅵ－1－③（公益目的事業財産） 　公益目的事業しか行わない法人は、管理費の捻出のためには収益事業を行わなければならないのでしょうか。 ガイドⅠ17．	答 1　公益目的事業しか行わない法人の法人運営上必要な管理業務は、合理的な範囲で公益目的事業財産に組み入れないことができます。 2　したがって、従来公益目的事業に係る収入で管理費もまかなっていた法人が、管理費の財源捻出のため新たに収益事業を始める必要はないものと考えます。
問Ⅵ－1－④（公益目的事業財産） 　一般社団法人の社員は会	答 1　一般法人法27条より、社員は定款の定めにより会費を支払う義務を負います。すなわち、どう

FAQ早見表（Ⅴ・Ⅵ）：本表はFAQ答に対し要約・並べ替え・加筆等を行っております。必要に応じてFAQ原文をご確認ください。

費を支払わなければならないのでしょうか。 ガイドⅠ17．	いう者を会員、準会員、特別会員などとして定め、これらの者から会費を徴収するかどうか、徴収する場合に金額をどのように設定するかは、法人の判断に委ねられます。
問Ⅵ-1-⑤（公益目的事業財産） 　一般社団法人について法律上認められている基金は拠出者への返還義務がありますが、公益目的事業財産に含めなければならないのでしょうか。 基準注解（注5）運用指針9	答 1　一般法人法131条の基金の拠出として受け入れた財産は、公益目的事業財産には該当しません。
問Ⅵ-1-⑥（公益目的事業財産） 　公益目的事業財産に区分されている国等からの補助金等を返還することはできますか。また、その経理方法はどうすればよいのでしょうか。 基準注解（注13）（注15）運用指針10	答 1　国等に補助金等を返還することは可能です（認定規則23条3号）。 2　その場合の経理方法は、一般的には次のいずれかです。正味財産増減計算書において、 ①　指定正味財産増減の部から一般正味財産増減の部へ振り替えるとともに一般正味財産増減の部の経常外費用に計上する ②　指定正味財産増減の部で直接減額する
問Ⅵ-2-①（区分経理） 　収益事業等は事業ごとに区分経理しなければならな	答 1　収益事業等の事業の分け方としては、まず①収益事業と②その他の事業（法人の構成員を対象

FAQ早見表（Ⅴ・Ⅵ）：本表はFAQ答に対し要約・並べ替え・加筆等を行っております。必要に応じてFAQ原文をご確認ください。

いとのことですが、どういう単位で事業を分ける必要があるのでしょうか。 ガイドⅠ6．18．	として行う相互扶助等の事業を含む）に区分します。 2　次に、法人の事業の実態に応じて区分する必要があれば、上記で区分した事業を、更に事業内容、設備・人員、市場等により区分（＝収1・収2…、他1・他2…）します。
問Ⅵ－2－②（区分経理） 　公益認定の申請書や認定後の事業報告に記載する<u>公益目的事業の単位</u>は、計算書類で<u>区分経理を行う事業の単位と一致</u>している必要がありますか。 運用指針13．（様式1－3）（様式2－3）	答 1　行政庁への申請又は報告の様式に記載する事業の単位と計算書類で表示する事業の単位とは、ともに法人が作成し行政庁に提出するものです。特に認定後の事業報告と計算書類は法人の事務所において備え置き、閲覧の対象となることから、両者の対応関係がわかるように<u>整理されている必要があります</u>。
問Ⅵ－2－③（区分経理） 　<u>共通費用は必ず配賦しなければならないのでしょうか。</u> ガイドⅠ7．	答 1　配賦することが困難な費用は、次のように整理できます。 ①　事業費と管理費に関連する費用は、管理費 ②　公益目的事業と収益事業等に関連する事業費は、収益事業等の事業費
問Ⅵ－2－④（区分経理） 　区分経理を行い、他の会計区分における収益又は利益を振り替える会計区分間の取引が発生した場合には、正味財産増減計算書内訳表	答 1　他の会計区分の利益を公益目的事業会計に振り替える場合等において、他会計振替額の欄に計上します。 2　収益については、通常、配賦基準により直接各会計区分の経常収益に計上します。

FAQ早見表（Ⅴ・Ⅵ）：本表はFAQ答に対し要約・並べ替え・加筆等を行っております。必要に応じてFAQ原文をご確認ください。

の他会計振替額の欄に計上することになりますか。 　運用指針13．（様式2－3）26年度報告	
問Ⅵ-2-⑤（区分経理） 　正味財産増減計算書内訳表における<u>正味財産の期首残高及び期末残高は事業区分ごとに記載する</u>のでしょうか。 　運用指針13．（様式1－3）（様式2－3）26年度報告	答 1　正味財産については貸借対照表の作成単位に合わせ、正味財産増減計算書内訳表の合計欄等に会計区分の単位で（貸借対照表内訳表を作成していない法人は法人全体の）期首及び期末残高を表示します。事業区分ごとの記載は要しません。
問Ⅵ-2-⑥（区分経理） 　「他会計振替額」は「公益法人会計基準の運用指針」12．財務諸表の科目の取扱要領に「正味財産増減計算書内訳表に表示した収益事業等からの振替額」と記載されていますが、<u>収益事業等から公益目的事業会計への利益を繰り入れる場合にのみ用いられる</u>のでしょうか。 　ガイドⅠ18．26年度報告	答 1　他の会計区分における利益を振り替える会計区分間の取引が発生した場合、正味財産増減計算書内訳表上、「当期経常外増減額」と「当期一般正味財産増減額」の行間に「他会計振替額」として表示します。 2　公益法人においては、収益事業等会計又は法人会計から公益目的事業会計への振り替え、又は収益事業等会計と法人会計との間の振り替えに用います。

FAQ早見表（Ⅴ・Ⅵ）：本表はFAQ答に対し要約・並べ替え・加筆等を行っております。必要に応じてFAQ原文をご確認ください。

問Ⅵ-2-⑦（区分経理）	答
公益目的事業しか行わない法人は、正味財産増減計算書内訳表における法人会計区分の作成は省略できますか。 26年度報告	1 公益目的事業しか行わない法人は、正味財産増減計算書内訳表における法人会計区分を省略できます。
問Ⅵ-3（定款における基本財産、不可欠特定財産の定め方） 新制度の基本財産についての定款の定めは、「評議員会で基本財産とすることを決議した財産」といった定め方でもいいのでしょうか。 ガイドⅠ15.	答 1 定款に基本財産を定めるに当たっては、どの財産が基本財産となっているのかを、ある程度具体的に判別できるような方法で定款に記載することが望ましいですが、その定め方については、各法人における種々の事情に応じて任意であると考えられます。
問Ⅵ-4-①（会計基準） 公益法人、移行法人、他いくつかの法人類型がありますが、それぞれ会計基準は、どれを使ったらよいでしょうか。 運用指針2	答 1 公益法人をはじめ、移行法人等は、利潤の獲得と分配を目的とする法人ではないことを踏まえ、通常は、企業会計基準より優先して公益法人会計基準を適用することになるものと考えます。
問Ⅵ-4-②（会計基準） 公益法人における個別の企業会計基準の適用について教えてください。	答 1 個別の企業会計基準のうち、以下の基準は公益法人にも適用されます。 ① 退職給付に関する会計基準

FAQ早見表（V・VI）：本表はFAQ答に対し要約・並べ替え・加筆等を行っております。必要に応じてFAQ原文をご確認ください。

27年度報告	② リース取引に関する会計基準
	③ 工事契約に関する会計基準
	④ 資産除去債務に関する会計基準
	⑤ 賃貸等不動産の時価等の開示に関する会計基準

<u>問VI-4-③（会計基準）</u>

公益法人において「金融商品に関する会計基準」を適用する場合の留意事項について教えてください。

運用指針13.（4）27年度報告

答

1　公益法人の適切な運営を図る観点からは、法人の資産運用の手段として用いられる「株式その他の出資証券、公社債等の有価証券及びデリバティブ取引（先物取引、先渡取引、オプション取引、スワップ取引及びこれらに類似する取引）」について、その運用次第では法人運営に相当のリスクをもたらすおそれがあると法人が判断した場合、平成20年会計基準に財務諸表の注記事項として定められた「（17）その他公益法人の資産（中略）の状況を明らかにするために必要な事項」の一環として、その内容とリスク、リスク管理体制等に関する事項を注記することが求められます。

<u>問VI-4-④（会計基準）</u>

公益法人は、「会計上の変更及び誤謬の訂正に関する会計基準」を適用しなければならないでしょうか。

基準注解（注14）27年度報告

答

1　平成20年会計基準は、貸借対照表及び正味財産増減計算書で前年度金額を開示することとしていますが、その注解14「一般正味財産増減の部における経常外増減に属する項目について」には、「一般正味財産増減の部における経常外増減に属する項目には、臨時的項目及び過年度修正項目がある。」と定めており、過去の財務諸表に遡及し

資料　307

FAQ早見表（Ⅴ・Ⅵ）：本表はFAQ答に対し要約・並べ替え・加筆等を行っております。必要に応じてFAQ原文をご確認ください。	
	た処理を求めていません。 2　すなわち、公益法人が本基準を自主的に適用することは問題ありませんが、必ず本基準を適用しなければならない訳ではありません。
問Ⅵ－5－①（作成すべき書類等） 　公益法人は定期的にどういう書類を作成し、備え置かなければならないのでしょうか。また、一般社団・財団法人についてはどうでしょうか。 　運用指針3.4.	答 1　公益社団・財団法人について 　（1）定款、（2）社員名簿*、（3）事業計画書、（4）収支予算書、（5）資金調達及び設備投資の見込みを記載した書類、（6）財産目録、（7）役員等（理事、監事、評議員*）名簿、（8）役員等報酬等の支給基準、（9）運営組織及び事業活動の状況の概要及びこれらの重要な数値、（10）会計帳簿、（11）貸借対照表・正味財産増減計算書・キャッシュフロー計算書*・事業報告・附属明細書、（12）監査報告・会計監査報告*、（13）社員総会*・評議員会*・理事会の議事録 2　一般社団・財団法人について 　（1）定款、（2）社員名簿*、（3）会計帳簿、（4）貸借対照表・損益計算書・事業報告・附属明細書、（5）監査報告・会計監査報告*、（6）社員総会*・評議員会*・理事会の議事録 　*：該当ある場合に作成
問Ⅵ－5－②（作成すべき書類等） 　公益法人は、法令上作成	答 1　そのとおりです。 2　認定法による閲覧対象書類

FAQ早見表（V・VI）：本表はFAQ答に対し要約・並べ替え・加筆等を行っております。必要に応じてFAQ原文をご確認ください。

し、備え置くべきこととされている書類について、<u>社員又は評議員から閲覧請求</u>があった場合に、常に閲覧させなければならないのでしょうか。	（1）定款、（2）社員名簿、（3）事業計画書、（4）収支予算書、（5）資金調達及び設備投資の見込みを記載した書類、（6）財産目録、（7）役員等名簿、（8）役員等報酬等の支給基準、（9）運営組織及び事業活動の状況概要及びこれらの重要な数値、（10）貸借対照表・正味財産増減計算書・キャッシュフロー計算書・事業報告・附属明細書、（11）監査報告・会計監査報告 3　一般法人法による閲覧対象書類 　（1）会計帳簿（一定の議決権を有する社員、評議員に対して） 　（2）社員総会・評議員会・理事会の議事録（社員、評議員、債権者に対して）
<u>問VI－5－③（作成すべき書類等）</u> 　公益法人は、事業年度途中で<u>補正予算を組む場合</u>、行政庁に提出する必要があるのでしょうか。	答 1　公益法人が行政庁に提出する予算は、事業年度開始前に作成し備え置く収支予算書であり、事業年度途中で組んだ補正予算をすべて行政庁に提出することまでは求められていません。 2　ただし、変更認定又は変更届出の際には変更に係る収支予算書も提出の必要があります。

（注）ガイド：公益認定等ガイドライン、基準注解：公益法人会計基準注解、運用指針：公益法人会計基準の運用指針、26年度報告：会計研究会平成26年度報告、27年度報告：会計研究会平成27年度報告

用語集

あ 行

【一般正味財産】
指定正味財産及び基金とともに正味財産の構成要素の1つ。その増減額は、「当期一般正味財産増減額」として正味財産増減計算書上に表示される。

【一般正味財産への振替額】
正味財産増減計算書を構成する指定正味財産増減の部の勘定科目。指定正味財産から一般正味財産への振替額を計上する。これに対する一般正味財産増減の部の勘定科目は、その内容に応じて受取補助金等振替額、受取負担金振替額、受取寄付金振替額で受入処理する。

か 行

【会計監査人】
法人の計算書類等を会計監査する者。
貸借対照表の負債の部に計上した額の合計額が200億円以上の法人（大規模法人）は会計監査人を置かなければならない（法人法第62条）。損益計算書の収益の部、費用・損失の部がそれぞれ1,000千億円、貸借対照表の負債の部が50億円に達する一般法人が公益認定を申請する場合は会計検査人を置かなければならない（認定令第6条）。会計監査人は監査法人か公認会計士でなければならない（法人法第68条）。

【会計帳簿】
会社の財産に影響を与える取引を記録するもの。
一般社団法人または一般財団法人は法務省令第22～第25の規定に従い、適時に正確な会計帳簿を作成しなければならず、会計帳簿の閉鎖の時から10年間、その会計帳簿及びその事業に関する重要な資料を保存

しなければならない（法人法第120条、第199条）。

総社員の議決権の十分の一（定款でこれを下回る割合を定めることが可）以下の議決権を有する社員は一般社団法人に対し、評議員は一般財団法人に対し、一定の場合を除き会計帳簿の閲覧または謄写の請求をすることができる（法人法第121条、第32条第3項、第199条）。

【基本財産】

財団法人の目的である事業を行うために不可欠なものとして定款で定めた場合には、定款においてその維持義務と処分制限があるものとして規定することが定められている（法人法第172条第2項）。したがって、移行後の一般財団法人においては、①法律上の基本財産を全く定めない（FAQ問Ⅵ-3-①）、②従来の基本財産にあたるものをすべて法律上の基本財産として定款に定める、③従来の基本財産にあたるものの中から一部を法律上の基本財産と定める、のいずれも可能である。なお、基本財産の滅失が事業の成功の不能にあたる場合は、一般財団法人の解散事由の1つとなっている（法人法第202条第1項第3号）。

【基金】

社団法人に拠出された金銭その他の財産で、その法人が拠出者との合意により拠出者に対して返還義務を負うものをいう。一般社団法人は、基金を引き受ける者の募集をすることを定款に定めることができる（法人法第131条）。その特色は、①基金の返還に係る債権には利息を付することができず、②基金の返還をする場合には、返還相当額を代替基金として計上する必要があること、③基金の返還に係る債権は、各種破産債権に劣後する等にあり（法人法第143～145条）、募集した社団法人にとっては、コストのかからない長期的な安定資金として利用ができる。基金を設定した場合、公益法人会計基準では、貸借対照表における表示は純資

産の部に計上することとされており、正味財産増減計算書においては、一般正味財産増減の部、指定正味財産増減の部及び基金増減の部に分けるものとされている。

【キャッシュ・フロー計算書】

公益法人会計基準において、貸借対照表、正味財産増減計算書と並んで財務諸表三表のうちの1つ。ただし、キャッシュ・フロー計算書の作成義務があるのは、大規模法人のみである。すなわち、公益法人会計基準の運用指針3によれば、認定法第5条12号の規定により会計監査人を設置する公益社団・財団法人以外の法人は、これを作成しないことができるとされている。具体的には、収益の額、費用及び損失の額が1,000億円以上または負債の額が50億円以上で会計監査人の設置を義務づけられている大規模公益法人に作成義務がある（認定令第6条）。

【区分経理】

公益法人会計基準では、区分経理による会計表示を要請するいわゆる「セグメント会計」の考え方を導入している。貸借対照表内訳表において、公益社団・財団法人の会計区分は、①公益目的事業会計、②収益事業等会計、③法人会計の3つの会計に区分経理することが要請され、また、移行法人の会計区分は、①実施事業等会計、②その他会計、③法人会計の3つの会計に区分経理することとされている。正味財産増減計算書内訳表において、この3つの会計区分は、さらに事業活動の内容により必要に応じて事業区分に細区分して事業別の内訳表を作成する。

【欠格事由】

欠格事由に該当する法人は公益認定を受けることはできない（認定法第6条）。また、公益認定を受けたあとで欠格事由に該当するに至ったとき

には公益認定は取り消される（認定法第29条）。欠格事由とは、①その理事・監事・評議員のうちに暴力団員や禁錮以上の刑に処せられて服役を終了等してから5年を経過しない者等がいる法人、②公益認定を取り消された日から5年を経過しない法人、③定款・事業内容が法令または法令に基づく行政機関の処分に違反している法人、④その事業を行うにあたり法令上必要となる行政機関の許認可等を受けることができない法人、⑤国税または地方税の滞納処分の執行がされているまたは処分の終了の日から3年を経過しない法人、⑥暴力団員等がその事業活動を支配する法人、である。

【継続事業の前提に関する注記】
公益法人会計基準において、「財務諸表に対する注記」の記載事項として新たに設けられたもの。したがって、当該法人に財務諸表作成の大前提となっている「継続事業（ゴーイング・コンサーン）」の前提について重要な疑義が存在すると認識されるときは、当該疑義に関する事項を財務諸表に注記することが必要になる。

【公益目的事業】
学術、技芸、慈善その他の公益に関する事業であって、不特定多数の者の利益の増進に寄与する事業（認定法第2条第4号）。事業の種類については認定法別表に掲げられている（22業種）。また不特定多数の者の利益に寄与するものかどうかの判定に関するチェックポイントが内閣府公益認定等委員会の参考資料「公益目的事業のチェックポイントについて」に示されている。

【公益目的事業比率】
公益法人は公益目的事業を行うことを主たる目的としなければならず、

この判定を行うための比率。具体的には、公益目的事業比率が百分の五十以上かどうかによりなされ、「公益目的事業費÷(公益目的事業費＋収益事業等の費用＋管理費)」にて計算される（認定法第5条第1号、第8号および第15条、認定規則第13条、公益認定等ガイドラインⅠ-7）。

【公益目的支出計画】
算定された公益目的財産額を0にするまでの各事業年度の公益目的支出額の積上げを計画するもの。仮に、公益目的支出額に係る公益目的事業が実施収入を伴うときには同収入額を支出額から控除しなければならないとされている。また、一般法人への移行認可取得により移行登記を行わなければならないが、この移行登記日が一般法人への移行日であり、移行日前日で評価損益をもう一度加減算して、公益目的財産額及び同支出計画を補正しなければならない。この定めの趣旨は、本来公益目的事業に使用処分されるべきであった公益法人の財産は、収益事業もできる一般法人への移行後も、公益目的事業に支出されなければならないということにある。

さ 行

【財産目録】
公益法人会計基準では、財産目録は、公益法人制度改革関連三法との平仄をあわせて、財務諸表の範囲から除かれた。しかし、公益法人については、財産目録は財務諸表ではないが作成を求められている計算書類である。一方、移行法人及び一般法人は作成しないことができる（公益法人会計基準の運用指針3）。公益法人会計基準では、財産目録は、事業年度末現在の資産及び負債について、貸借対照表科目、場所・数量等、使用目的、金額等を詳細に表示しなればならないとしている。財産目録は、貸借対照表の内訳明細書として財務諸表との計数の整合性を保持するこ

とにより、明細書としての計数の正当性を担保している。

【財務諸表】

公益法人会計基準では、①貸借対照表、②正味財産増減計算書、③キャッシュ・フロー計算書を財務諸表として定めている。この他にも財務諸表の定義には含まれないが作成すべき計算書類等として、①財務諸表の注記、②附属明細書、③財産目録についてそれぞれ規定している。

【資産取得資金】

遊休財産額から除外される控除対象財産の１つ（認定規則第22条第3項第3号）。公益目的保有財産（同項第1号）または収益事業・管理活動財産（同項第2号）の取得または改良に充てるために保有する資金を指し、公益目的事業用、その他用の2とおりがある。①財産の取得・改良が見込まれること（取得・改良の対象とその時期が具体的であること）、②区分管理されていること、③取崩しできないことまたは目的外取崩しについて特別の手続が定められていること、④財産の取得・改良に必要な最低額が合理的に算定されていること、⑤必要最低額及びその算定根拠等について備置き及び閲覧等の措置が講じられていること、が条件である。

【収益事業等】

公益目的事業以外の事業をいい、収益事業とその他の事業（相互扶助等の事業）の総称。公益法人は、公益目的事業比率が50%以上である限り、収益事業等を行うことができるが、投機的な取引、高利の融資その他公益法人の社会的な信用を維持する上でふさわしくない事業を行うことはできない（認定法第5条第5号）。

【収支相償の適否】

公益法人はその公益目的事業を行うにあたり、当該公益目的事業の実施に要する適正な費用を償う額を超える収入を得てはならない（認定法第5条第6号及び第14条）。この収支相償の適否は2段階に分けて行われ、まず公益目的事業ごとに判定され、次に公益目的事業全体について適否を判定される（公益認定等ガイドラインⅠ-5）。収支に剰余を生じているときにおいて適正な説明ができなければ、その事業は公益目的事業と認められない。

【収支予算書】

公益法人制度改革関連三法に定める計算書類（法人法第123条）及び計算書類等（法人法第129条）に収支予算書及び収支計算書は含まれていない。認定法第21条（財産目録の備置き及び閲覧等）に規定する書類の中に「収支予算書」が含まれているが、ここでいう「収支予算書」は、「損益計算ベースの予算すなわち損益予算」であり、「正味財産増減計算書」の予算版となっている（認定規則第30条：収支予算書の区分）。

【正味財産】

正味財産は、貸借対照表の正味財産の部において、指定正味財産と一般正味財産に区分される。公益法人会計基準では、新たに導入された基金（法人法第131条）は、その法的性格は債務であるが、その劣後債務としての経済的特性に着目して正味財産に区分される。したがって、正味財産は、基金、指定正味財産、一般正味財産の3つに区分される。指定正味財産は、寄付者等（会員等を含む）から受け入れた財産についてその使途に制約が課されている財産をいう。

【正味財産増減計算書】

正味財産増減計算書は、企業会計の損益計算書に該当するものであるが、公益法人会計では、公益法人の正味財産の期中増減の状況を適正に表示するため、「一般正味財産増減の部」と「指定正味財産増減の部」の2つに区分して表示する。「一般正味財産増減の部」においては、法人の当該事業年度における「事業活動の効率性」を表示することを目的とするのに対して、「指定正味財産増減の部」では、寄付者からの寄付の受入や国または地方公共団体等からの補助金受入等、資金使途制約のある資産の受入額について、その当該事業年度中の増減額を表示し、「指定正味財産についての法人の受託者管理責任の履行状況」を表示することを目的とする。指定正味財産から一般正味財産への振替額を示す勘定科目として「一般正味財産への振替額」で処理する。このほか、正味財産増減計算書の重要な機能として、貸借対照表との関連があり、正味財産増減計算書は、前期末の貸借対照表と当期末の貸借対照表を結びつける連結環としての役割を持つ。

【指定正味財産】

指定正味財産は、貸借対照表の正味財産の部において、寄付者等から受け入れた財産に対する受託責任を明確にするため、一般正味財産と区分して指定正味財産として表示する。

た　行

【貸借対照表】

当該事業年度末における法人の財政状態を表示することを目的とした財務諸表の1つ。資産の部、負債の部及び正味財産の部に区分し、さらに資産の部は、流動資産及び固定資産に、負債の部は、流動負債及び固定負債に、正味財産の部は指定正味財産及び一般正味財産に区分表示す

る。また、固定資産は基本財産、特定資産、その他の固定資産の3つにさらに区分表示する。

【退職給付引当資産】
負債の部に引当金として計上した退職給付引当金相当額の資金を別途、確保しておくために、特定資産として計上するもの。退職金支払目的のため引当金は、退職給付引当金と役員退職慰労引当金に区分されるが、同様に特定資産サイドも退職給付引当資産と役員退職慰労引当資産に職員分と役員分に峻別して計上しておく必要がある。

【他会計振替額】
正味財産増減計算書の勘定科目である「他会計振替額」は、内訳表に表示した収益事業等からの振替額を示すもの（公益法人会計基準の公益法人会計基準の運用指針の正味財産増減計算書に係る科目及び取扱要領）。正味財産増減計算書内訳表上の記載箇所は、「当期経常外増減額」と「当期一般正味財産増減額」の間に表示する（公益法人会計基準の運用指針様式2-4）。「他会計振替額」の勘定科目の留意事項として、FAQ Ⅵ-1-②によれば、管理費の充当財源の経理方法に関連して、公益法人が公益目的事業会計、収益事業等会計、法人会計の3つの会計に区分した損益計算書の内訳表の作成上、寄付金、会費収入、財産運用益等を管理費に充当する場合には、管理業務に係る会計（法人会計）の経常収益に直接計上するのに対して、他方、収益事業等からの利益を管理費に充てる場合には、収益事業等会計から法人会計への「他会計振替額」として振替経理するよう両者間では、会計処理の方法を異にして使い分けている。すなわち、前者の「経常収益直接計上方式」は経常収益、経常費用段階で判定する収支相償の判定に影響するのに対して、後者の「他会計振替額で処理する方式」の場合には、収支相償に直接は関係させない取扱いになってい

るので留意する必要がある。

【代替基金】

基金の返還をする場合に返還する基金に相当する額。これを代替基金として計上しなければならないとしている（法人法第144条）。この代替基金は、取り崩すことができず貸借対照表上は正味財産の部の一般正味財産の中科目内訳科目として表示される。

【特定資産】

特定の目的のために使途、保有、運用方法等に制約のある預金、有価証券等の金融商品及び土地、建物等のことであり固定資産の部に計上される。典型的な項目としては、退職給付引当資産、特定費用準備資金、資産取得資金等が含まれ、この他に将来の特定の目的のために引当資産を計上する場合も認められる。この場合、特定の目的の存在が計上要件とされているため、実務指針では特定目的のための預金や有価証券等の金融資産は、目的、積立方法、取崩しの要件等について取扱要領を作成することが望ましいとしている（実務指針Q27）。一方、将来の支出に備えるための予備費的性格のものとして剰余金の一部を財政調整引当資産等の科目名で計上しても、使用目的が特定されておらず積立基準が明確でなく恣意性が入る積立は特定資産には該当しないので留意が必要である。

【特定費用準備資金】

遊休財産から除外される控除対象財産の1つ（認定規則第22条第3項第4号）であり、将来の特定の活動の実施のために特別に支出する費用（引当金の引当対象となるものを除く）に充てるために保有する資金のことである。公益目的事業用、その他用の2とおりがある。積立限度額の範囲

内で当該年度の積立額を費用に算入することができる。ただし、特定費用準備資金であるためには、①活動の見込みがあること（活動の内容及び時期が具体的であること）、②区分管理されていること、③取崩しできないことまたは目的外取崩しについて特別の手続が定められていること、④積立限度額が合理的に算定されていること、⑤積立限度額及びその算定根拠等について備置き及び閲覧等の措置が講じられていること、が条件である。

は　行

【評価損益等調整前当期経常増減額】
公益法人会計基準によれば、経常収益または経常費用に含まれる投資有価証券（基本財産または特定資産の区分に記載されるものを含む）に係る評価損益及び売却損益については、その他の経常収益及び経常費用と区別して記載するとされている。この場合、「その他の経常収益」から「その他の経常費用」を控除して「評価損益等調整前当期経常増減額」を表示し、さらに「投資有価証券評価損益等」を調整することによって「当期経常増減額」を表示する。

【引当金】
公益法人会計基準では、金融商品会計基準、退職給付会計基準等の企業会計の基準の準拠を原則としており、従来の「収支計算中心主義の会計」から、「公益法人の事業活動の効率性を測定」を主要目的とする会計になっている。このことから、引当基準についても一般に認められた公正妥当な企業会計の基準に準拠している。企業会計原則注解18では、引当金の計上要件について、①将来の特定の費用または損失であること、②その発生が当期以前の事象に起因していること、③発生の可能性が高いこと、④その金額を合理的に見積もることができること、としており、

この4つの条件を満たしていれば引当金として計上するものとしている。この場合には、当期の負担に属する金額を当期の費用または損失として引当金に繰り入れ、当該引当金の残高を貸借対照表の負債の部または資産の部（控除項目）に記載する。

【附属明細書】

法人法第123条において作成することとされている。「計算書類に関する附属明細書」と「事業報告の附属明細書」が規定されている。「計算書類に関する附属明細書」は、法人規則第33条及び整備規則第28条において附属明細書の記載項目が定められている。附属明細書には、有形・無形固定資産の明細及び引当金の明細、その他重要事項について記載する。なお、公益法人会計基準に定める財務諸表の注記として記載される「基本財産及び特定資産の増減額及びその残高」は、法人規則第33条の有形・無形固定資産の重要な部分であることから公益法人会計基準では、附属明細書の記載事項として「基本財産及び特定資産の明細」及び「引当金の明細」としたが、これを財務諸表の注記に記載している場合には、附属明細書にはその記載をもって内容の記載は省略できるものとされている（公益法人会計基準第6、2）。「事業報告の附属明細書」には、法人規則第34条において、その事業報告の内容を補足する重要な事項を内容として記載するとしている。

ま　行

【みなし寄附金】

公益社団法人・公益財団法人は、収益事業に属する資産のうちからその収益事業以外の事業で自らが行う公益目的事業のために支出した金額について、その収益事業に係る寄附金の額とみなして、寄附金の損金算入限度額の計算の特例の定めがある（法令第73条第1項第3号イ、第73条の

2第1項、法規第22の5)。非営利型法人にはみなし寄附金の適用はない（法法第37条第4項、第5項）。

や　行

【遊休財産額】

公益目的事業や収益事業等及び法人会計のために、現に使用されておらず、かつ、引き続きこれらのために使用されることが見込まれない財産の価額の合計額（認定法第16条第2項、認定規則第22条）。

【遊休財産額の保有制限額】

公益法人の毎事業年度末日における遊休財産額は、当該事業年度における公益目的事業の実施に要した費用の額（正確な算定方法は認定規則第21条に定められている）を超えてはならない（認定法第16条第1項）。

出典：公益法人協会Webサイトより一部抜粋

■著者一覧

【編集責任者】

長　光雄　　　菅田　裕之　　　上倉　要介

【執筆者】

伊藤　誉充　　齋藤　健　　松前江里子※　　山本　清孝

※執筆・編集

EY | Assurance | Tax | Transactions | Advisory

EYについて
EYは、アシュアランス、税務、トランザクションおよびアドバイザリーなどの分野における世界的なリーダーです。私たちの深い洞察と高品質なサービスは、世界中の資本市場や経済活動に信頼をもたらします。私たちはさまざまなステークホルダーの期待に応えるチームを率いるリーダーを生み出していきます。そうすることで、構成員、クライアント、そして地域社会のために、より良い社会の構築に貢献します。

EYとは、アーンスト・アンド・ヤング・グローバル・リミテッドのグローバルネットワークであり、単体、もしくは複数のメンバーファームを指し、各メンバーファームは法的に独立した組織です。アーンスト・アンド・ヤング・グローバル・リミテッドは、英国の保証有限責任会社であり、顧客サービスは提供していません。詳しくは、ey.com をご覧ください。

EY Japanについて
EY Japanは、EYの日本におけるメンバーファームの総称です。新日本有限責任監査法人、EY税理士法人、EYトランザクション・アドバイザリー・サービス株式会社、EYアドバイザリー・アンド・コンサルティング株式会社などから構成されており、各メンバーファームは法的に独立した法人です。詳しくは www.eyjapan.jp をご覧ください。

新日本有限責任監査法人について
新日本有限責任監査法人は、EYの日本におけるメンバーファームであり監査および保証業務を提供しています。詳しくは、www.shinnihon.or.jp をご覧ください。

本書は一般的な参考情報の提供のみを目的に作成されており、会計、税務およびその他の専門的なアドバイスを行うものではありません。新日本有限責任監査法人および他の EY メンバーファームは、皆様が本書を利用したことにより被ったいかなる損害についても、一切の責任を負いません。具体的なアドバイスが必要な場合は、個別に専門家にご相談ください。

見方、示し方がつかめる 公益法人会計の基本

2018年1月15日　発行

編　者　新日本有限責任監査法人 ©

発行者　小泉　定裕

発行所　株式会社 清文社
　　　　東京都千代田区内神田1-6-6（MIFビル）
　　　　〒101-0047　電話03(6273)7946　FAX03(3518)0299
　　　　大阪市北区天神橋2丁目北2-6（大和南森町ビル）
　　　　〒530-0041　電話06(6135)4050　FAX06(6135)4059
　　　　URL http://www.skattsei.co.jp/

印刷：亜細亜印刷㈱

■著作権法により無断複写複製は禁止されています。落丁本・乱丁本はお取り替えします。
■本書の内容に関するお問い合わせは編集部までFAX（03-3518-8864）でお願します。
■本書の追録情報等は、当社ホームページ（http://www.skattsei.co.jp/）をご覧ください。

ISBN978-4-433-66087-1